Mosaik
bei GOLDMANN

Buch

Innere Größe macht den Menschen zu etwas Besonderem. Dazu müssen wir über das normale Mittelmaß hinauswachsen, unser Denken und Handeln auf einem höheren Niveau ansiedeln und bestimmten Prinzipien folgen. Nicht aus radikalen Veränderungen, sondern aus kleinen, persönlichen Entscheidungen erwächst Charisma und Integrität. Marta Monahan weist mit fünf täglichen Übungen den Weg in ein couragiertes, virtuoses Leben voller Erfolg und Würde.

Autorin

Marta Monahan wurde in El Salvador geboren, spricht drei Sprachen fließend und lernt gerade die vierte. Die leidenschaftliche Schwimmerin lebt heute in Los Angeles. Sie hat zwei erwachsene Kinder und drei Enkel. Die Autorin gibt seit 1975 Seminare zum Thema Persönlichkeitsentwicklung und hält Vorträge auf der ganzen Welt.

Marta Monahan

Zeigen Sie Größe!

Stil und Eleganz
für ein erfülltes Leben

Aus dem Amerikanischen
von Gabriele Zelisko

Mosaik
bei GOLDMANN

Um die Privatsphäre zu schützen,
wurden die Namen aller Klienten und Studenten
sowie einige der Umstände verfremdet.

Umwelthinweis:
Alle bedruckten Materialien dieses Taschenbuches
sind chlorfrei und umweltschonend.

1. Auflage 2004
Vollständige Taschenbuchausgabe März 2004
Wilhelm Goldmann Verlag, München,
ein Unternehmen der Verlagsgruppe Random House GmbH

Umschlaggestaltung: Design Team München
Redaktion: Dagmar Rosenberger
Umschlagfoto: Zefa/A. Inden
Satz: Barbara Rabus, Sonthofen
Druck: GGP Media, Pößneck
Verlagsnummer: 16369
Kö/Schl · Herstellung: Ina Hochbach
Printed in Germany
ISBN 3-442-16369-2
www.goldmann-verlag.de

Auf die Entdeckung Ihres
innersten Kerns – damit Sie ihn erkennen,
respektieren und lieben lernen.

Inhalt

Einleitung

Ich kam als zweites von fünf Kindern in El Salvador zur Welt. Mein Vater, Generalkonsul, Bankenprüfer und Berater von Präsidenten, war eine imposante Persönlichkeit. Er verehrte meine Mutter, und sie liebte ihn hingebungsvoll. Ich wuchs unter Menschen mit starken Prinzipien auf, die mir viele Dinge beibrachten. Sehr oft nur durch ihr gelebtes Beispiel, manchmal aber auch durch ganz gezielte Unterweisung. Ein paar Jahre lebten wir in New York City und ich verbrachte einige Zeit auf Reisen. Ich spreche drei Sprachen. Meine Jugend war erfüllend, unkompliziert und meistens unbeschwert.

Ich hatte auch mein Bündel an Kummer und Leid zu tragen, mitunter bedingt durch meine eigenen Fehlentscheidungen. Doch möchte ich die daraus entstandenen Probleme und Konsequenzen nicht missen, weil sie mir auf großartige Weise zu der Erkenntnis verholfen haben, dass ich selbst die Summe all meiner Entscheidungen bin.

In meinen schlimmsten und in meinen besten Zeiten habe ich die Prinzipien erkennen gelernt, die ich in diesem Buch zusammengestellt habe. Sie stellen die Erkenntnisse dar, zu denen ich aus eigenem Bemühen gekommen bin und die ich aus den Begegnungen mit Menschen von Format gewonnen habe. Eine dieser Persönlichkeiten war Pilar Garcia-Bailon, meine Freundin und letzte Mentorin. Elf Jahre lang haben wir gemeinsam in Unternehmen und Regierungsorganisationen Vorträge und Seminare gehalten, bis Pilar ihrer Krebserkrankung erlag.

Dieses Buch handelt davon, wie jeder von uns ein couragiertes und virtuoses Leben führen und dabei Erfolg und Würde erlangen kann. Virtuosität entsteht aus der Treue zu elementaren moralischen und mentalen Prinzipien. Wir nähern uns dieser Virtuosität in kleinen Schritten, die sich nach und nach zu einer starken Persönlichkeit summieren.

Auf dem Weg zur Virtuosität bin ich immer noch am Lernen und Suchen, am Streben nach einem ganzheitlichen Leben. Mit meiner Lehrtätigkeit begann ich 1975. Ich habe Menschen aller Altersstufen und aller Schichten unterrichtet – Freiberufler und Akademiker, Führungskräfte, Politiker, Diplomaten, Hausfrauen, Hausmänner, Arbeiter. Sie rufen mich an, schreiben mir, besuchen mich und berichten mir von ganz außergewöhnlichen Entwicklungen in ihrem Privatleben oder an ihrem Arbeitsplatz.

Und das Gleiche erwarte ich von Ihnen: Entscheiden Sie sich mit Hilfe dieses Buches für das Unerwartete, für das Außergewöhnliche.

MARTA MONAHAN
Los Angeles, Kalifornien

KAPITEL 1

Virtuosität

Virtuosität bedeutet Mitgefühl und Mut • Was hält uns zurück? • Die Grenzen eines durchschnittlichen Daseins • Die bequeme Mitte • Mittelmäßigkeit

Um mich herum riss es die Leute von ihren Sitzen, überschwänglicher Applaus setzte ein, doch ich verharrte wie versteinert auf meinem Platz und fragte mich mit Entsetzen, was nur mit mir los war, weil ich so wenig Begeisterung empfand.

Das Bolschoi-Ballett gastierte in Los Angeles, und nun saß ich in der ersten Vorstellung von *Giselle*, auf die ich mich so gefreut hatte. Ich hatte *Giselle* schon oft gesehen und war danach jedes Mal ganz verzaubert gewesen. Bei dieser Aufführung nun wurde jede einstudierte Bewegung ohne den geringsten Fehler wiedergegeben, offensichtlich perfekt. Doch es fehlte etwas. Während die Kompanie stehende Ovationen entgegennahm, hatte ich das Gefühl, Zeit und Geld vergeudet zu haben.

Ich war erst fünf Jahre alt, als ich zum ersten Mal in ein Ballett gehen durfte. Einen Großteil des Geschehens auf der Bühne habe ich damals verschlafen, schließlich war ich noch ein kleines Kind. Doch was ich davon mitbekam, rührte mich so sehr, dass ich nur noch weinen wollte. Die Schönheit der Musik und des Tanzes hatte in mir die Neugier erweckt, immer und immer wieder nach ähnlich virtuosen Verbindungen zu suchen.

Daher war es sehr merkwürdig, in der Vorstellung einer der berühmtesten Ballett-Kompanien der Welt zu sitzen und davon nicht berührt zu werden. Erst als ich am Morgen darauf die Kritik in der *Times* las, wurde mir der Grund dafür klar. Zur damaligen Zeit hatten sich bereits viele sowjetische Künstler in den Westen abgesetzt und das Bolschoi wollte nicht riskieren, noch mehr seiner Mitglieder zu verlieren. Um dem vorzubeugen, hatte die Kompanie ihre zweite Garde geschickt, Tänzer, die Präzision einstudiert hatten und sie wiedergaben. Und wiedergaben.

Immer und immer wieder.

Exakt und ohne jedes Risiko.

Kalt und seelenlos.

Selbst ein fünfjähriges Kind spürt, wenn da mehr ist. Und dieses Mehr ist, wenn eine Tänzerin, ein Tänzer ihr Bestes geben. Das Beste geben bedeutet, von dem auszugehen, was man sicher beherrscht, und noch ein Quäntchen mehr zu riskieren, sich noch ein Stück weiter zu strecken und zu dehnen, über seine Grenzen hinauszugehen. Manche nennen das Vollendung. Es ist wie die Leuchtkraft eines Diamanten, etwas, das aus der Natur entstanden ist, aber bearbeitet und poliert wurde, bis es im Licht der Vollkommenheit erstrahlt. Als Kind ist mir Virtuosität zum ersten Mal im Tanz begegnet, später erlebte ich sie auch bei Eiskunstläufern und Turnern. Sie tritt in vielen verschiedenen Formen in Erscheinung. Man findet sie in den Worten eines Dichters, in den mathematischen Berechnungen eines Physikers, in den Hammerschlägen eines Zimmermanns, der sein Handwerk meisterhaft beherrscht, in der selbstlosen Opferbereitschaft eines Albert Schweitzer oder einer Mutter Theresa und in den unzähligen Tätigkeiten, denen sich Menschen aus freien Stücken und mit ganzem Herzen widmen. Im Lauf der Jahre kam ich immer mehr zu der Überzeugung, dass im Leben ein bestimmtes Grundprinzip gilt: Ein natürlicher Instinkt treibt uns an, nach Virtuosität zu streben.

Dieser Instinkt wird durch bewusstes Engagement gefördert oder aber von anderen und uns selbst unterdrückt und herabgemindert. Beleidigende oder abwesende Eltern, ein schäbiges Umfeld und eine Vielzahl moderner Übel fordern einen immensen Tribut, und doch kommt die Virtuosität selbst unter den schlimmsten Bedingungen immer wieder an die Oberfläche. Beethoven überarbeitete seine Fünfte Symphonie jahrelang, ehe er die vollkommene Fassung komponierte, die wir heute hören. Helen Keller setzte sich über Taubheit und Blindheit hinweg. Stephen Hawking und Christopher Reeve lassen sich auf ihrem Weg zu Virtuosität nicht durch einen Rollstuhl aufhalten.

Wenn wir Virtuosität nicht unterdrücken, sondern alles daran setzen, in einem Bereich unseres Lebens ihr Potenzial voll und ganz auszuschöpfen, entdecken wir dabei ganz von selbst neue Talente und Fähigkeiten, durch die sie auch in allen anderen Bereichen Einzug hält.

Virtuosität bedeutet Mitgefühl und Mut

Ein virtuoses Leben ist ein ganzheitliches Leben. Dazu gehören materieller Erfolg und persönliches Glück, doch das ist längst nicht alles. Die Vollendung erfährt es durch das Teilen von Erfolgen – auf materieller, moralischer, intellektueller und spiritueller Ebene – mit anderen. Menschen, die ein virtuoses Leben führen, entwickeln größeres Mitgefühl und lassen sich durch das bereits Erreichte zu weiteren Taten anspornen. Sie kennen keinen Neid. Und sie sind mutig genug, Liebe durch Respekt, Geduld und Höflichkeit zu zeigen und dadurch auch andere zu inspirieren.

Wir alle haben von Geburt an alles, was wir brauchen, um Virtuosität zu erreichen. Und selbst wenn aufgrund eigener oder fremder Entscheidungen Schwierigkeiten auftauchen, können wir jede Situation zum Besseren wenden. Virtuose Menschen freuen sich über die Herausforderung, mehr aus der eigenen Persönlichkeit zu machen. Sie wissen, dass wir der Vollkommenheit immer näher kommen können. Und dieses

Näherkommen bedeutet, immer in Kontakt mit dem Absoluten zu sein. Gottes Vollkommenheit kennt keine Verdammnis, nur die Ermutigung jedes Individuums, die einzigartige Wahrheit seiner eigenen Virtuosität zu entdecken. Und ebenso wichtig: virtuose Menschen erheben nicht den Anspruch, genauso vollkommen wie Gott sein zu wollen.

Sie haben erkannt, dass keiner von uns besser ist als der andere. Was uns unterscheidet ist das, was wir aus unserem Leben machen oder nicht. Jeder kann es, unabhängig von seiner Stellung – in der Kunst, im Job, in seinen persönlichen Gewohnheiten – auf jedem Gebiet zu brillanten Leistungen bringen. Und das umso mehr, als herausragende Leistung, haben wir sie erst einmal in einem Bereich unseres Lebens erbracht, auch die anderen Bereiche erreicht und so unsere höchste Bestimmung erfüllt: ein virtuoses Leben.

Was hält uns zurück?

In einer Situation oder einem Zustand festzustecken, ist eine so gängige Erfahrung, dass viele sie als selbstverständlich hinnehmen. Doch in dem Moment, in dem wir an einem bestimmten Punkt hängen bleiben, hören wir auf zu wachsen. Wir beginnen, die Achtung davor zu verlieren, was wir erreicht haben und wer wir geworden sind. Da wir intuitiv danach streben, Virtuosität zu zeigen, ist uns bewusst, dass wir uns mit weniger zufrieden geben. Aus Scham, versagt zu haben, fühlen wir uns genötigt, unsere Lebensumstände mit Entschuldigungen zu rechtfertigen. In diesem Fall besteht die Herausforderung darin, unserer tatsächlichen Situation mutig ins Auge zu blicken.

Denken Sie an eine Situation aus Ihrem Leben, die Ihnen Kummer bereitet, diese kann mit einer Beziehung zu tun haben oder mit Ihrer Arbeit. Sie müssen die Situation nicht beschreiben, aber geben Sie ihr einen Namen, sodass Sie später noch genau wissen, worum es geht. Es ist nicht ungewöhnlich, dass Menschen eine ungelöste Situation vergessen, wenn sie ihr aus dem Weg gehen. Seien Sie unbesorgt, wenn es bei Ihnen mehr als eine gibt. Die gleiche Denkweise kann in verschiedenen Situationen die gleichen Umstände hervorrufen.

Halten Sie jetzt bitte inne, um diese Übung zu machen. Wenn Sie weiterlesen und erst später darauf zurückkommen, könnte die Wirkung abgeschwächt werden. Nutzen Sie die Gelegenheit und unternehmen Sie den ersten Schritt, Ihr Denken auf Virtuosität auszurichten.

- Wählen Sie aus einem beliebigen Lebensbereich eine Situation aus, die nicht befriedigend gelöst ist.
- Seit wann gibt es diese Situation schon?
- Wie viel Zeit verbringen Sie an einem normalen Tag damit, an diese Situation zu denken?
- Multiplizieren Sie diesen täglichen Durchschnittswert mit

30, um den Monatsdurchschnitt zu erhalten. Multiplizieren Sie den monatlichen Schnitt mit zwölf, um den Jahresdurchschnitt zu ermitteln, und multiplizieren Sie das Ergebnis mit der Anzahl von Jahren, seit denen diese Situation bereits besteht.

- Das Ergebnis steht für wertvolle Zeit, die Sie wesentlich konstruktiver hätten nutzen können. Schreiben Sie einige Bereiche auf, in denen Ihnen diese Zeit geholfen hätte, im Leben weiterzukommen.
- Finden Sie heraus, ob die Situation heute besser, schlechter oder genauso ist wie zu Beginn.
- Überlegen Sie sich mindestens fünf negative Emotionen, mit denen Sie als Folge dieser ungelösten Situation leben.

Wenn sich die Situation seit ihrem Beginn für Sie gebessert hat, haben Sie einige Zeit darauf verwendet, das Problem zu lösen.

Hat sie sich verschlechtert, haben Sie Ihre Zeit damit verbracht, sie immer wieder zu durchleben, Ihre Entscheidungen zu rechtfertigen, sich über andere zu ärgern und diesen die Schuld für etwas zuzuweisen, wofür Sie selbst aus Ihrer heutigen Sicht nichts können oder womit Sie nichts zu tun hatten. Sie haben sich in die Rolle des Opfers begeben.

Ist die Situation gleich geblieben, fühlen Sie sich vielleicht ganz wohl, weil scheinbar keine Verschlechterung eingetreten ist. Leider stecken Sie aber immer noch fest. Die Lage scheint unverändert, ist es aber nicht. Sie verändert sich zum Negativen, und ebenso ergeht es Ihnen selbst. Die Zeit löst keine Probleme. Im Gegenteil, sie entfremdet Sie von Ihren Lösungsmöglichkeiten, sie schafft Distanz zwischen Ihnen und Ihren Sehnsüchten, weil Sie von Tag zu Tag schwächer, wütender und ängstlicher werden.

Gehen Sie Ihre Antworten noch einmal sorgfältig durch und stellen Sie sich abschließend folgende zwei Fragen:

- Welche fünf negativen Emotionen werden Ihr Leben in den nächsten drei, sechs oder zehn Jahren begleiten, wenn Sie die Situation nicht lösen? (Das sind die gleichen, die Sie schon vorhin notiert haben, sowie die indirekten Folgen dauerhaften Versagens.)
- In welcher Weise wirkt sich diese ungelöste Situation auf Ihre Arbeit, Ihr gesellschaftliches und privates Umfeld aus?

Die Antworten auf diese Fragen entwerfen ein Bild Ihrer Zukunft. Sie nimmt bereits jetzt konkrete Formen an und wartet nur auf Sie.

Wenn ich in einem Seminar diese Übung mache, frage ich die Teilnehmer, wer dazu bereit wäre, seine negativen Emotionen laut vorzulesen. Meist provoziert dies gequälte Mienen. Dafür ist es eine Wohltat zu sehen, wie viel Hoffnung und Entschlossenheit sich in denselben Gesichtern am Ende des Seminars zeigt. Erst wenn wir die Mechanismen von Ursache und Wirkung in unserem Leben erkennen, können wir die ganze Tragweite des Festgefahrenseins ermessen. Diese Klarheit führt zu dem dringenden Wunsch umzudenken. Ihre Situation mag einzigartig sein, doch Sie sind mit Ihrem Kummer nicht allein. Nachstehend sind einige der häufigsten Emotionen aufgelistet, die ich aus meinen eigenen Erfahrungen und denen meiner Seminarteilnehmer zusammengetragen habe. In den Auflistungen kommen immer wieder die gleichen negativen Bezeichnungen vor. Sie alle sind Ausdruck ein- und desselben Denkmusters.

ungewiss	*wütend*	*aufgebracht*
Angst	*verwirrt*	*Selbstzweifel*
Selbsthass	*verantwortungslos*	*unfähig*
schwach	*hoffnungslos*	*rachsüchtig*
antriebslos	*festgefahren*	*einsam*
erschöpft	*deprimiert*	*frustriert*
gefangen	*unterwürfig*	*hintergangen*
gedemütigt	*manipuliert*	*missbraucht*
verletzt	*geringe Selbstachtung*	*benutzt*
isoliert	*erdrückt*	*schuldig*
neidvoll	*ungeduldig*	*erschöpft*
getäuscht	*leicht reizbar*	*inkompetent*
unzulänglich	*feige*	*oberflächlich*
gelangweilt	*gedemütigt*	*gekränkt*

Die meisten Menschen erkennen erst bei dieser Übung, dass festgefahren zu sein ein Problem ist. Sie denken, dass wir alle auf die eine oder andere Weise feststecken und ihr Zustand daher normal sei, zum »reiner Durchschnitt«-Sein eben dazugehöre und damit kein Anlass zur Sorge sei. Doch kaum jemand möchte einfach Durchschnitt sein.

Die Grenzen eines durchschnittlichen Daseins

Vor ein paar Jahren lud mich eine Freundin zum Essen ein, damit ich mit ihrer zwölfjährigen Tochter sprechen könne. Colleens Leistungen in der Schule waren nicht schlecht, aber auch nicht gut. Und egal, wie meine Freundin auch versucht hatte, Colleen zu besseren Leistungen zu motivieren – das Mädchen hatte immer die gleiche Antwort parat, mit der sie jede weitere Diskussion abwürgte.

»Ich bin eben wie alle anderen. Was ist daran verkehrt? Für mich ist es völlig in Ordnung, Durchschnitt zu sein.«

Ich kannte Colleen schon seit frühester Kindheit und wir mochten und vertrauten einander. Auf dem Weg in das Restaurant fing ich meine Unterhaltung mit Colleen wie gewohnt an und erkundigte mich nach ihren Freunden, der Schule, den Lehrern, ihren sportlichen Aktivitäten und sonstigen Neuigkeiten, die sich seit unserem letzten Treffen ergeben hatten. Dann fragte ich sie nach ihren Noten.

»Du hast mit meiner Mutter gesprochen«, sagte sie gereizt.

»Ja.«

»Dann«, fuhr sie fort, »weißt du ja bereits, dass meine Noten völlig in Ordnung sind. Ich falle nicht durch. Ich bin wie alle anderen und es ist nichts dagegen einzuwenden, Durchschnitt zu sein.« Damit war das Thema für sie eindeutig abgeschlossen.

»Ich gebe dir Recht,« sagte ich, »es ist nichts dagegen einzuwenden, Durchschnitt zu sein.«

Colleens Augen wurden größer.

»Allerdings«, fuhr ich fort, »bedeutet Durchschnitt zu sein, sich in jedem Bereich des Lebens mit weniger zufrieden zu geben. Im Moment siehst du das nicht, weil dein Leben nicht dem Durchschnitt entspricht. Deine Mutter arbeitet hart, um dir ein schönes Heim bieten zu können. Du lebst nicht in einer durchschnittlichen Wohngegend. Du isst kein durchschnittliches Essen. Alle deine Sachen sind von guter Qualität, weil deine Mutter dir ein ganz besonderes Umfeld schafft. Ich weiß, dass sie sich mit Menschen umgibt, die nicht Durchschnitt sind, und ich weiß auch, dass es dir Spaß macht, an interessanten Unterhaltungen mit ihnen teilzunehmen.

Aber eines Tages wirst du feststellen, dass Durchschnitt Mittelmäßigkeit bedeutet. Mit diesem Wort solltest du dich besser gleich vertraut machen, weil du dich genau dafür entschieden hast.« Dann unterhielt ich mich mit ihrer Mutter weiter, denn jetzt war für mich das Thema beendet.

Colleen wartete, bis sich eine Pause ergab, und bat mich, ihr mehr über Mittelmäßigkeit zu erzählen.

»Mittelmäßigkeit jetzt als Lebensprinzip zu akzeptieren, bedeutet möglicherweise, dass du dein ganzes weiteres Leben lang Durchschnitt sein wirst. Du wirst dich mit durchschnittlichen Möglichkeiten zufrieden geben, einen durchschnittlichen Beruf ergreifen und durchschnittliche Freunde haben. Eines Tages wirst du vielleicht heiraten und Kinder haben wollen, doch romantische Vorstellungen von einem intelligenten, außergewöhnlichen Mann kannst du vergessen, denn ein solcher Mann will eine überdurchschnittliche Frau. Du wirst einen netten, durchschnittlichen Ehemann kennen lernen und eines Tages durchschnittliche Kinder haben und ein nettes durchschnittliches Leben führen. Genau wie alle anderen.«

»Erzähl noch mehr von dem durchschnittlichen Ehemann«, bat Colleen mich nach einer Weile.

»Ach«, antwortete ich, »da gibt es nicht viel zu sagen, langweilig aber nett, Durchschnitt eben. Aber er wird gut zu dir passen, keine Sorge. Ich bin erstaunt, dass du in deinem Alter schon eine solche Entscheidung getroffen hast. Du weißt ganz genau, was du tust und bist damit glücklich.« Wieder wandte ich mich ihrer Mutter zu.

Das ganze Essen lang unterbrach uns Colleen immer wieder, um noch mehr über Mittelmäßigkeit zu erfahren. Nach sechs Wochen hatte sie ihre Noten auf Einsen und Zweien verbessert. Heute studiert sie an einer der besten Universitäten in den Vereinigten Staaten und lernt ihr wertvolles Potenzial immer mehr zu schätzen.

Die bequeme Mitte

Auch wenn wir vielleicht zugeben, festgefahren zu sein, ist uns in der Regel nicht bewusst, dass es unsere eigene Mittelmäßigkeit ist, in der wir feststecken. So gut wie immer betrachten wir unsere Lage lieber von außen, um uns nicht selbst ausschelten und herabsetzen zu müssen, indem wir die Tatsache akzeptieren, dass wir selbst dafür verantwortlich sind. Mittelmäßigkeit ist ein Begriff, den wir gerne für andere benutzen, um sie herabzumindern und unsere Selbstverleugnung aufrechtzuerhalten. Der Schock, der mit dem Eingeständnis unserer eigenen Mittelmäßigkeit einhergeht, ist die beste Motivation, um unseren Kurs zu ändern und Virtuosität anzustreben.

Leider ist Mittelmäßigkeit etwas, das uns allen insgeheim vertraut ist. Selbst wenn wir diesen Begriff vielleicht nicht auf uns selbst anwenden, wissen wir es ganz genau, wenn unser Leben nicht spannend und erfüllend ist. Das sollte uns helfen, bescheiden zu bleiben und Mitgefühl für die Versäumnisse anderer zu empfinden. Wir sollten nicht vergessen, dass wir uns alle in einem Wachstumsprozess befinden und uns in unterschiedlichen Bereichen auf unterschiedlichen Entwicklungsstufen befinden. Auch wenn manche von uns ihr Leben in vielerlei Hinsicht unter Kontrolle haben, berechtigt sie das noch lange nicht, jene von oben herab zu betrachten, die in den Bereichen, die wir für uns gemeistert haben, noch im Mittelmaß verharren.

Von denen, die Mittelmäßigkeit als das erkennen, was sie tatsächlich ist, möchten nur wenige darin verweilen. Sehen wir uns also die Begleiterscheinungen dieser hochgradig zersetzenden Beeinträchtigung der Persönlichkeit an.

Mittelmäßigkeit

Wenn wir uns von unserem Wunsch nach Virtuosität in unserem Tun und Sein entfernen, entfernen wir uns auch von der Zufriedenheit. Das Schlüsselwort heißt Bewegung. Wir wachsen oder verkümmern, leisten mehr oder weniger, lernen oder vergessen, stürzen ab oder steigen auf. Nichts bleibt wie es ist. Feststecken bedeutet Stagnation. Stagnation führt zur Verwesung. Eine stagnierende Situation ist nicht nur ein für sich allein stehendes berufliches, gesellschaftliches oder persönliches Problem. Sie vergiftet sämtliche Bereiche in unserem eigenen Leben und im Leben anderer.

Das Absinken in die Mittelmäßigkeit ist ein schleichender Prozess, eine Abfolge sicherer und bequemer Entscheidungen.

Der Verfall verläuft schleichend und ist so subtil, dass wir die Stagnation als angenehm empfinden. Der Körper ist von Natur aus träge, der Geist in der Lage, für alles eine einleuchtende Erklärung zu finden, und man wird selbstzufrieden. Wir sind zwar nicht sonderlich zufrieden, aber auch nicht richtig unglücklich, also müssen wir glücklich sein. Und warum etwas ändern, wenn wir glücklich sind? Der Glaube, Untätigkeit sei einfacher, als die Schranken von Unbehagen und Unsicherheit zu durchbrechen, hält uns in der Stagnation fest. Durch Wiederholung der immer gleichen Handlungen erhalten wir stets die gleichen Resultate. Diese erscheinen uns als normal und vermitteln uns ein trügerisches Gefühl von Sicherheit und Gleichgewicht. Aber in Wirklichkeit werden wir umso unglücklicher, je mehr wir unser Potenzial für das Virtuose vernachlässigen – bis wir uns schließlich auf dem Weg in die Depression wiederfinden.

In einer Stagnationsphase fehlt uns der klare Blick, weil unsere Kritikfähigkeit beeinträchtigt ist. In der daraus resultierenden Verwirrung setzen wir unwissentlich einen Kreislauf gefährlicher Ereignisse in Gang. Erfolglose Versuche, sich wieder von der Stelle zu bewegen, enden in Kummer. Das Gefühl, keinen Ausweg zu finden, setzt negative Emotionen frei. Je länger unsere Stagnation andauert, je stärker verteidigen wir sie – wir lügen uns etwas vor. Und je stärker wir lügen, umso weiter entfernen wir uns von unseren guten Vorsätzen und Träumen, von dem, was wir eigentlich sein sollten.

Weit weg von jeglicher Virtuosität halten wir für erstrebenswert, was unsere Trägheit als wohltuend empfindet und gehen allem Unbequemen aus dem Weg. Das macht uns egozentrisch. Egozentrik wiederum mündet in Rücksichtslosigkeit. Wir verlieren die Achtung vor uns selbst und vor anderen und ersetzen sie durch Verachtung. Unter der Last des Scheiterns empfinden wir kein Mitgefühl für Unzulänglichkeiten, weder für die unserer Mitmenschen noch für unsere eigenen. Mit dieser negativen Einstellung werden wir nach und nach immer schroffer und respektloser.

Es beginnt mit kleinsten Verfehlungen, doch Stagnation ist ein Prozess. Während wir seelisch verkümmern, nimmt auch unsere Hilfsbereitschaft anderen gegenüber ab. Wir verurteilen andere und ignorieren den Kummer, den wir verursachen.

Was wir besitzen ist gleich dem, was wir geben. Wenn wir einander missbrauchen, zerstören wir unser Umfeld und vergiften die Atmosphäre um uns herum. Das setzt einen Kreislauf aus Wut, Angst und Schmerz in Gang. Und es macht uns krank. Unfähig, so viel Brutalität zu verarbeiten, fressen wir sie in uns hinein.

Die meisten Menschen können Leid nicht richtig übermitteln, dafür aber Wut – sie beklagen sich, beschuldigen andere, rechtfertigen sich, fluchen, schreien, verhalten sich verletzend und diffamierend.

Mittelmäßigkeit wirkt auf unsere Persönlichkeit abstumpfend, isoliert uns von anderen und raubt uns die virtuose Energie, über die wir verfügen könnten, steckten wir nicht in unserer Situation fest. Sie hindert uns daran, neue Wesenszüge, Fertigkeiten oder Begabungen zu entwickeln. Dazu gehören unter anderem ein gefestigter Charakter und der Mut, neue Türen zu öffnen. Wir existieren, aber wir leben nicht. Wir können uns keiner Sache – egal, ob Arbeit, Beziehungen oder Ideale – mit ganzem Herzen widmen.

Es ist eine Ironie des Schicksals, dass wir einerseits mit dem Erreichten unzufrieden sind, andererseits die Perfektion aber sofort da sein soll. Da wir schon so viel Zeit vergeudet haben, möchten wir nicht noch mehr darauf verschwenden, es wirklich besser zu machen. Bringt der erste Versuch, einen Traum zu verwirklichen, nicht auf Anhieb ein perfektes Ergebnis, werfen wir gleich die Flinte ins Korn. Wir sind verwirrt und erkennen nicht, dass wir uns wiederholen.

Mittelmäßige Menschen neigen dazu, das ausgesprochen menschliche Bedürfnis nach Befriedigung bloß auf die Anhäufung, materiellen Wohlstands und/oder den Gewinn eines Partners auszurichten. An beiden Zielen ist nichts auszusetzen, doch je weniger wir unser Potenzial für virtuoses Handeln ausschöpfen, desto mehr ist der Wohlstand nur auf Kosten unserer Menschlichkeit zu erlangen und der Partner wurde wegen unserer psychologischen Bedürftigkeit erobert und nicht, weil wir ihn achten und lieben.

Marguerite, eine meiner Schülerinnen, machte mich mit

Lawrence bekannt, der unbeabsichtigt zum Paradebeispiel für diese traurige Spirale wurde. Die beiden waren seit zwei Jahren ein Paar, hatten sich verlobt und wollten nach weiteren zwei Jahren, wenn er fertiger Arzt sein würde, heiraten. Ein beeindruckendes Paar, dachte ich. Er: groß, intelligent und charmant, sie: ebenfalls groß und intelligent und schön. Beide waren sehr verliebt.

Marguerite stammte aus einer liebevollen Mittelklassefamilie und hatte jene Unterstützung und Motivation erfahren, auf deren Basis die Vereinigten Staaten zur Leistungsgesellschaft werden. Für die Zukunft spielt es keine Rolle, was in der Vergangenheit war oder welche Eltern man hat, sondern wie hart man arbeitet und wie viel Durchhaltevermögen man besitzt. Die Crux liegt bei diesen Einzelkämpfern nur häufig darin, dass sie auch dann noch hart auftreten, wenn sie es schon bis ganz an die Spitze geschafft haben. Marguerite aber repräsentierte innere Stärke in der anmutigen Hülle einer wohlerzogenen und gebildeten jungen Frau.

Lawrence kam aus einer alten Familie, die ihr Vermögen verloren hatte, hatte aber das überlegene Auftreten, das ihm die Erziehung durch kultivierte und weltoffene Eltern hatte angedeihen lassen. Er schien eine gewisses Durchsetzungsvermögen zu besitzen, fühlte sich in jeder Gesellschaft zu Hause und verstand es ausgezeichnet, anderen jegliche Befangenheit zu nehmen.

Er erzählte gerne von seinem Vorsatz, das Vermögen, das

seine Familie in der Generation davor besessen hatte, wieder zu erarbeiten. Nach der Hochzeit mit Marguerite würde er sein Studiendarlehen zurückzahlen und so viel wie möglich sparen. Als Erstes würde er in eine Privatpraxis investieren, dann ein Haus kaufen und eine Familie gründen und als Drittes in das Wertpapiergeschäft einsteigen. Lawrence stöhnte. Diese Träume schienen in so weiter Ferne, aber er war glücklich. Er hatte bereits über die Hälfte seiner Ausbildung hinter sich, erbrachte ausgezeichnete Leistungen, war mit seiner Berufswahl glücklich und hatte eine attraktive Freundin, die zu ihm stand.

Sechs Wochen später löste Lawrence die Verlobung völlig unerwartet mit der Begründung, es sei für beide das Beste. Er würde in zwei Jahren finanziell noch nicht so weit sein, könne Marguerite nichts bieten und wolle ihre Zeit nicht noch länger in Anspruch nehmen. Es deprimiere ihn, sagte er, dass er nicht genügend Geld habe, um sie zum Essen oder ins Kino einzuladen.

Marguerite war am Boden zerstört. Als sie Lawrence nicht davon überzeugen konnte, seine Meinung zu ändern, weil diese Dinge ihr nichts bedeuteten, entschloss sie sich, so weit wie möglich fortzuziehen. Sie konnte sich einfach nicht vorstellen, in der gleichen Stadt wie Lawrence zu leben und ihn nicht zu treffen. Sie fand eine Stelle als Research-Assistentin bei einer Firma, die eine Niederlassung in Europa hatte. Einige Monate nach ihrer Abreise erhielt ich einen Brief von ihr.

Darin berichtete sie mir, dass Lawrence inzwischen Sylvia geheiratet habe, die ehemalige Freundin seines reichen Cousins. Der Cousin war in einer peinlichen Situation mit einer verheirateten Frau überrascht worden und hatte sich in die Karibik verzogen. Sylvia, gedemütigt und verzweifelt, war sich selbst überlassen. Lawrence bot ihr seine Schulter an. Sylvia war klein und hübsch, nicht besonders intelligent aber nett, und sehr, sehr reich, da sie einige Jahre vorher ein enormes Vermögen geerbt hatte.

Das Trostspenden mündete in eine Heirat. Lawrence und Sylvia zogen an die Ostküste, dort schrieb er sich an einer der Eliteuniversitäten ein, um sein Studium zu Ende zu führen. Sie mieteten eine schöne Wohnung, richteten sie ein und gaben großzügige Einladungen.

Nach sechs Jahren kam Marguerite wieder in die Vereinigten Staaten, um Familie und Freunde zu besuchen.

Lawrence hatte sich in der Zwischenzeit in einer Klinik in bester Lage niedergelassen. Er hatte erfahren, dass Marguerite zu Besuch kam und rief sie wiederholt an, um sich mit ihr zum Mittagessen zu verabreden. Zunächst wollte sie nicht, weil sie Angst hatte, ein Wiedersehen mit ihm würde sie wieder an den Kummer der Trennung erinnern. Später erzählte sie mir: »Ich brauchte lange, doch schließlich traf ich mich mit ihm zum Essen.«

Lawrence war von Marguerite überwältigt. Und sie fand ihn in seinem Designer-Anzug einfach toll.

»Ich habe dich nie vergessen«, sagte er. »Ich werde mir immer wünschen, mit dir verheiratet zu sein.«

Marguerite war verzaubert und dachte, sie sei wieder verliebt oder ihre Liebe zu ihm hätte nie aufgehört. Doch Gott sei Dank würde sie in ein paar Wochen ja wieder nach Europa gehen!

Sie verabredeten sich wieder, dieses Mal zum Abendessen. »Nur zum Reden«, sagte er. Sie unterhielten sich darüber, wie beider Leben in den letzten sechs Jahren verlaufen war. Marguerite war voller Begeisterung über das, was sie erreicht hatte. Sie hatte so vieles hinter sich gelassen, zwei Sprachen gelernt und sich eine andere Kultur angeeignet, ohne ihre eigene zu vergessen.

Lawrence hörte ihr voller Bewunderung zu, doch als die Reihe an ihm war, änderte sich seine Haltung. Er schien sich unwohl zu fühlen und erzählte von seinem beruflichen Werdegang nur das Nötigste. Stattdessen sprach er von dem, was er besaß, Haus, Boot, Autos, Mitgliedschaft im Country Club, und den Leuten, mit denen er seine Zeit verbrachte, eine Aneinanderreihung prominenter Namen. Von Enthusiasmus in Bezug auf seine Arbeit oder seine Zukunftspläne keine Spur. Er hatte seine Liebe zur Medizin verloren, seinen Ehrgeiz und damit seine starke Persönlichkeit und Würde.

Marguerite war gelangweilt von seinen Erzählungen. Von Freunden erhielt sie weitere Informationen über ihn, die ein noch genaueres Bild seines Lebens zeichneten. Mit Sylvias

Vermögen im Rücken hatte er seinen Vorsatz, hart zu arbeiten, aufgegeben. An der neuen Universität konnte er sein Leistungsniveau nicht halten, also wechselte er wieder zurück an die Westküste, wo er zwar seinen Abschluss schaffte, aber nicht mit Auszeichnung, wie es früher seine Art gewesen war. Dann richtete Sylvia ihm die Klinik ein, doch er hatte wenig Patienten und galt bei Kollegen nicht als ernst zu nehmender Mediziner. Mit Sylvia bekam er zwei Kinder, aber ihre Ehe verlief nicht harmonisch. Nach drei Ehejahren hatte Lawrence eine Affäre mit einer Angestellten. Die nette Sylvia, betrogen, eifersüchtig und noch schlimmer gedemütigt als damals mit dem Cousin, reagierte heftig. Sie überwachte Lawrence, wo sie nur konnte, kontrollierte seine Fahrzeiten, seine Telefonate, Patienten und deren Behandlungszeiten, jede seiner Aktivitäten und das Geld, das er ausgab. Oft stritten sie sich in der Öffentlichkeit. Er wurde permanent erniedrigt.

Lawrence traf Marguerite noch einmal. Er sagte, er liebe sie und wolle sie zurückhaben. Er erklärte ihr, dass er sehr wenig Geld verdiene und sich nicht leisten könne, sie finanziell zu unterstützen. Sie würde selbst weiterarbeiten müssen.

Zunächst glaubte Marguerite, das sei ein Heiratsantrag, und sie spielte mit dem Gedanken, ihm dabei zu helfen, seine alten Vorsätze wiederzubeleben. Doch dann sprach er Klartext. Er hatte seine Pläne nicht mehr weiterverfolgt und nun Angst, auf sich allein gestellt zu sein. Eine Scheidung würde er sich nie leisten können.

Marguerite rief mich danach an und erzählte mir das Ende der Geschichte. »Ich verlor jeglichen Respekt vor ihm. Komisch. Auf einmal wirkte er überhaupt nicht mehr attraktiv auf mich. Vermutlich, weil er nicht mehr der Mann ist, den ich geliebt habe. Ich konnte ihm nicht einmal böse sein, weil er so eine armselige Gestalt ist.«

Lawrence glaubte, bestenfalls ein durchschnittlicher Arzt sein zu können. Er glaubte seine verwirrte Vorstellung von Glück verwirklichen zu können, wenn er Marguerite an seiner Seite hätte. Trotz seines hohen Intelligenzquotienten und dem Privileg einer guten Erziehung und Bildung war er davon überzeugt, er könne sich in seinem Beruf nicht mehr weiterentwickeln, weil seine Ehe hoffnungslos verfahren war.

Vielleicht ist Ihre ungelöste Situation nicht so dramatisch, doch haben Sie sich erst einmal damit abgefunden, dass Sie darin feststecken, haben Sie sich für Mittelmäßigkeit als Basis Ihrer Existenz entschieden. Dieser eingebaute Sabotage-Mechanismus ist ihr treuester Weggefährte. Das Streben nach Glück ist reine Fantasie, wenn man in der Mittelmäßigkeit lebt.

KAPITEL 2

Virtuosität oder Mittelmäßigkeit

Die drei Ebenen unseres Denkens • Auf welcher Ebene verbringen wir die meiste Zeit? • Moralisches und mentales Vehikel • Beweisen Sie Mut im Leben • Zwei Fragen

Beinahe jeder in unserem Bekanntenkreis ist in dem einen oder anderen Bereich festgefahren. Das ist keine Schande. Aber es ist eine Schande, dort zu verharren.

Man kann nicht gleichzeitig virtuos und mittelmäßig leben. Um Mittelmäßigkeit zu eliminieren, müssen wir ihre Gewohnheiten, Stärken und Schwächen kennen. Wir haben bereits versucht herauszufinden, wer wir eigentlich sein sollten, wie wir uns festgefahren haben, und warum wir Stagnation zulassen.

Wir sind nicht durch eine große Entscheidung in der Mittelmäßigkeit gelandet, auch nicht durch eine unvorsichtige, sondern durch eine Abfolge kleiner, ständig wiederholter Entscheidungen, die unserer momentanen Denkweise entspringen.

Um der Mittelmäßigkeit zu entkommen, müssen wir unsere Denkweise verbessern. Wir müssen wissen, auf welcher Ebene unser Denken abläuft und wie es unser Handeln bestimmt. Um zu einer neuen Denkweise zu kommen, müssen wir die drei grundlegenden Denkebenen verstehen – die höchste, die mittelmäßige und die unterste.

Die drei Ebenen unseres Denkens

DIE HÖCHSTE EBENE

Stellen Sie sich einen Adler, einen Kondor oder Falken vor, die ohne jede Bewegung mit den Luftströmen dahinzusegeln scheinen. In Wirklichkeit nehmen ihre Sinne ohne Unterbrechung jede noch so kleine Veränderung des Luftdrucks oder der Richtung wahr. Die Augen suchen Landschaft und Wolken ab, der Vogel dreht den Kopf, die Schwungfedern verändern ihre Position geringfügig, er schlägt ein- oder zweimal mit den Schwingen, taucht ab und beschreibt einen Kreis, um dann weiterzugleiten. Dieser Gleitflug wirkt so anmutig, als würde er keinerlei Anstrengung erfordern, doch der Vogel ist fortwährend damit beschäftigt, sich selbst zu korrigieren.

Auch ein Mensch auf der höchsten Denkebene arbeitet fortwährend daran, sich selbst zu korrigieren. Er nutzt die aktuellen Umstände als Chance, alles, was er ist und tut, zu verbessern. Auf seinem Weg zu Virtuosität öffnet er sich, lernt dazu, wird immer flexibler. Sein starker Charakter verbietet ihm, sich mit bloßer Nachahmung und ständiger Wiederholung der eigenen Handlungsmuster zufrieden zu geben. Er übertrifft sich immer wieder selbst. Als Leitfigur aus eigenem Verdienst spornt er andere an zu lernen, an sich zu arbeiten, ihm zu folgen und in seinem Beitrag für die Welt zu unterstützen. Dieser Denker weiß, dass er das Produkt seiner Entscheidungen ist und übernimmt die Verantwortung für sie. Er äußert seine Gedanken, Gefühle und Ziele klar und präzise.

Die Männer und Frauen auf der höchsten Denkebene sind Leitfiguren in allen Bereichen von Kunst und Wissenschaft bis hin zu Wirtschaft und Politik. Aber sie sind nicht nur in diesen Bereichen zu finden, sondern auch in Gärten, Heimen und Fabriken. Sie lassen ihr Wissen und ihre Weisheit durchscheinen, um jenen auf den unteren Denkebenen das Leben leichter zu machen. Aus ihren Ideen resultieren Veränderung und Fortschritt für uns alle. Sie schaffen Arbeitsplätze und lösen die Probleme der Benachteiligten. Während sich die meisten Menschen mit Reichtum und Berühmtheit zufrieden geben, erwerben sich jene auf der höchsten Denkebene oft Größe, Ehre und Ruhm. Starke Persönlichkeiten, die sich mit ihren Überzeugungen vorwärts bewegen, auch wenn der Rest der Welt nicht mit ihnen übereinstimmt. In unserer Gesellschaft immer in der Minderzahl, füllen ihre Biografien die Geschichtsbücher. Die Gründerväter der Vereinigten Staaten waren solche Denker, auch Johanna von Orleans oder Sokrates, die so von ihrer Botschaft überzeugt waren, dass sie lieber den Tod wählten, als von ihr abzurücken.

Weil sie sich selbst und ihr Handeln beständig verbessern

wollen, ist die Gruppe der Denker auf der höchsten Ebene näher an der Vollkommenheit als der Rest von uns. Es liegt nahe, dass Großzügigkeit und Achtung gegenüber anderen zu ihren Tugenden zählen. Sie wissen was Würde bedeutet – die eigene und die der anderen.

Der Denker auf der höchsten Ebene ist von mittelmäßigen Massen umgeben, und das macht seine Streben nach Vollkommenheit doppelt schwierig. Die Massen unterstützen in der Regel keinen Außenstehenden. Im Gegenteil – sie versuchen ihm zu schaden, wo es nur möglich ist, meist heimlich, aus Feigheit. In der Regel diffamieren sie ihn. Sie sind hinter seinem Ansehen her, denn das ist sein wertvollster Besitz. Dass ihnen daraus kein Vorteil entsteht, spielt keine Rolle.

Sich der Masse anzupassen, um von ihr akzeptiert zu werden, ist für den Denker auf der höchsten Ebene keine Option. Er akzeptiert sich selbst und die Tatsache, dass sein Denken mit seinem Wertesystem in Einklang steht. Der konstante Fortschritt, den er macht, führt zu Klarheit, die er zu seinem eigenen Wohl und zum Wohl anderer nutzt. Er entwickelt sich bewusst weiter. Seine Einstellung zum Leben ist von Dankbarkeit geprägt. Damit lindert er so viel Leid wie nur möglich und gibt Acht, dass er selbst keines verursacht.

Das Leben ist auf keiner Ebene des Denkens einfach. Die Massen mögen den Denker auf der höchsten Ebene, vor allem den jungen, als kauzig, dumm oder verrückt ansehen. Doch er besitzt eine schöpferische Kraft, mit der er die Welt verändern kann, und davon profitieren die Massen. Manchmal wird er beneidet und absichtlich behindert. Doch er wird seinen Angreifern keinen Schaden zufügen, wenn er es irgendwie vermeiden kann. Nicht einmal, wenn er dafür vielleicht sein eigenes Leben geben muss, wie zum Beispiel Jesus.

Lassen Sie sich durch diesen Vergleich nicht entmutigen, nach einem virtuosen und intelligenten Leben zu streben. Es gibt in der Geschichte nur wenige Menschen, die ihr volles Potenzial erreicht haben. Aber allein das Streben danach macht das Leben lebenswert.

DIE MITTELMÄSSIGE EBENE

Als Kinder passen wir uns der Gesellschaft an, indem wir andere imitieren, Eltern, Lehrer etc. Die meisten von uns sind mit dem zufrieden, was sie lernen und damit, es gut zu machen. Wir sind so gut wie nie damit beschäftigt, dieses Repertoire zu erweitern.

Auf der mittelmäßigen Denkebene beschränkt sich der Einzelne auf bloßes Wiederholen seiner Handlungen und ändert wenig. Er will nichts weiter als zurechtkommen und seine bequeme Position beibehalten und unterweist seine Kinder in derselben Mittelmäßigkeit, mit der er erzogen wurde. Falls er doch etwas ändert, geschieht das sehr langsam. Effizientes und außergewöhnliches Handeln ist nicht seine Art. Anpassung ist für ihn die Norm, Widerstand seine natürliche Triebkraft. Der Widerstand gegen jegliche Veränderung zementiert ihn auf seinem Platz fest, während er an jenen, die sich weiterentwickeln, Kritik übt. Er trachtet danach, die Kontrolle über andere zu erlangen, indem er die über sich daran hindert, etwas aufzubauen, und die unter sich vernichtet.

Angesichts der Qualität seiner Entscheidungen hat der Denker auf der mittelmäßigen Ebene eine ambivalente Meinung von sich selbst. Mittelmäßigkeit spaltet den Menschen in zwei Persönlichkeiten: wer wir sind und was wir verbergen. Masken, Prahlereien und Rollen gibt es im Überfluss und sie werden dazu herangezogen, die Wahrheit zu verbergen. Die Verwirrung nimmt beim mittelmäßigen Denker noch zu, wenn er nicht mit dem Respekt behandelt wird, den seine Rolle ihm eigentlich verschaffen sollte.

Von anderen erwartet er, dass sie Verantwortung übernehmen, doch selbst lehnt er jegliche Verantwortung für das, was er ist oder tut ab. Wenn ihm etwas nicht gelingt, ist das Schicksal schuld. Doch wenn etwas gut funktioniert, ist das einzig und allein sein Verdienst. Wenn er eine neue Idee hat, hat er sie von jemand anderem abgeschaut. Die Idee selbst sowie die daraus resultierenden Ergebnisse sind nur mehr ein schwacher Abklatsch des Originals.

Es ist typisch für die Masse der Mittelmäßigen, dass keiner als Individuum hervorsticht, weil es nur halbherzige Ansätze gibt. Die einen tendieren eher zum Guten, die anderen zum Bösen. Aber man findet keine Extreme. Viele sind einfach nur deshalb gut, weil sie nichts Böses tun. Stärke, Inspirationsfähigkeit, Mut zur Initiative, Führungsvermögen und Freude können sich auf der mittelmäßigen Ebene niemals entfalten. Der Widerstand gegen Veränderungen bewirkt beim mittelmäßigen Denker, dass er sich und andere langweilt. Sein Mangel an Originalität führt zu Unzufriedenheit und Abhängigkeit. Was wiederum zu Neid und Habgier, engstirnigem Konkurrenzdenken und unterschwelliger Gewalt führt. Leben in der Mittelmäßigkeit, ein Kompromiss zwischen halber Wahrheit und halber Lüge, ist ohne jede Würde.

Für die Mittelmäßigen reduziert sich Kommunikation auf den Austausch ausgewählter Informationen. Klagen, Selbstmitleid und Klatsch dominieren ihre Unterhaltungen. Bei den Bösartigen sind es Habgier, Neid, Prahlereien und Diffamierungen.

Auf der Ebene der Mittelmäßigkeit herrscht überall auf der Welt dieselbe Moral. Je nachdem, was ihnen gerade gelegen kommt, bestärken, akzeptieren und unterstützen die Mittelmäßigen einander oder täuschen und betrügen sich und verhalten sich zurückweisend. In ihrem Wesen sind sie gespalten. Die Massen nehmen hin, dass andere mehr besitzen, solange diese dasselbe Wertesystem teilen. So identifiziert sich der Fernsehzuschauer, auch wenn er den ärmeren Schichten angehört, mit den reichen Hauptfiguren einer Unterhaltungsserie, solange diese vulgär und unmoralisch handeln. »Die sind genau wie wir«, lautet der allgemeine Konsens.

Viele von uns besuchen bewusst die Ebene der Mittelmäßigkeit, doch wirklich durchschnittliche, vulgäre und stets angepasste Menschen leben ganz bewusst darin. Mittelmäßigkeit ist das Hoheitsgebiet der resignierten Massen.

Auf der Ebene der Mittelmäßigkeit enden Träume von einem anspruchsvollen Job und einer guten Beziehung immer enttäuschend. Der andauernde Widerstand und die schwachen moralischen Grundsätze, die für diese Ebene typisch sind, vergiften auch alle anderen in ihrem Umfeld.

Es mag bequem und einfach sein, mittelmäßige Entscheidungen zu treffen. Es macht das Leben aber sehr kompliziert, weil permanent Energie für Kompromisse verschwendet wird, um seinen Frieden zu haben, anderen gefällig zu sein und die Wahrheit zu verbergen. Für das Kaschieren von Schwächen geht mehr Kraft verloren, als nötig wäre, um ihnen zu entwachsen.

DIE UNTERSTE EBENE

Während sich der Denker auf der höchsten Ebene kontinuierlich weiterentwickelt und jener auf der mittelmäßigen Ebene sich gegen die Entwicklung sträubt, befindet sich der auf der untersten Denkebene in einer fortwährenden Abwärtsspirale. Er lebt von der Gesellschaft, erkennt keine Chancen für sich und versucht bloß zu überleben. Im Gegensatz zum Denker der höchsten Ebene, der Neues schafft, oder zum Mittelmäßigen, der das Erreichte aufrecht erhält, neigt der Vertreter der untersten Ebene zu Diffamierung, Zerstörung und Korruption. Er hat nichts, was er lieben oder respektieren könnte, weil er nur Angst und Leere kennt. Er ist destruktiv und von Grund auf undankbar. Nichts macht ihm Freude, weder was er bekommt, noch was er sich nimmt. Liebe ist für ihn nur ein Wort, um Unvorsichtige zu verführen.

Als extremer Einzelgänger kann er passiv und aggressiv sein, Opfer und Unterdrücker, Parasit und Jäger. In der Rolle des Parasiten manipuliert er und ist destruktiv. Als Jäger gibt er sich einschüchternd und angriffslustig. Er neigt von Natur aus zur Heimlichkeit und entwickelt größte Disziplin darin, seine Motive und sein Handeln zu verschleiern. Er hasst sich selbst und entzieht sich weitgehend jeglicher Kommunikation.

Spricht er doch, bringt er seine Frustration durch Lügen, Diffamierungen oder Wut zum Ausdruck. Seine Leidensgeschichte, seine Ausflüchte und die »bösen« Taten jener, die er für seine Situation verantwortlich macht, sind seine wichtigsten Gesprächsthemen – unabhängig davon, ob er in einer Gefängniszelle sitzt oder als Diktator die Welt beherrscht.

Das Individuum auf der untersten Ebene besitzt keinerlei Tugenden, nur schändliche Werkzeuge. Lügen, Manipulieren, Stehlen und Betrügen sind nur ein kleiner Teil davon. Als Opfer und Parasit bleiben ihm nur die Überreste. Es wird ausgenutzt, verabscheut, gefürchtet, zurückgewiesen oder toleriert, niemals jedoch akzeptiert. Es lebt in permanenter Angst um sein Leben, denn als Opfer ist es leichte Beute für einen der Jäger, oder es wird vom Gesetz verfolgt.

Die unterste Ebene ist von gegenseitigem Wegnehmen bestimmt. Die schlechtesten Züge des Menschen kommen auf dieser Denkebene zum Vorschein, darunter die sieben Todsünden: Stolz, Habgier, Wolllust, Neid, Unersättlichkeit, Zorn und Trägheit.

Gelingt es den anderen Ebenen nicht, die unterste in Schach zu halten, werden deren Vertreter für den Verfall der Gesellschaft in ihrer Gesamtheit sorgen. Die extremsten Vertreter dieser untersten Ebene hinterlassen furchtbare Spuren in der Geschichte.

Auf welcher Ebene verbringen wir die meiste Zeit?

Sie sollten sich darüber im Klaren sein, dass es auf jeder Ebene viele Varianten, und innerhalb dieser Varianten viele Nuancen gibt. Nach meiner bisherigen Erfahrung leben die meisten Menschen auf der Ebene der Mittelmäßigkeit, gefolgt von den Gruppierungen auf der untersten Ebene. Gemeinsam machen sie etwa 80 Prozent der Bevölkerung aus. Damit verbleiben 20 Prozent für die höchste Ebene, von denen sich allerdings nur ein sehr geringer Anteil permanent dort aufhält. Der Großteil von uns gehört zur mittelmäßigen Ebene und

DIE DREI DENKEBENEN

Der Denker	*+ typische Entscheidungen*	*+ typische Handlungen*	*= ein Leben, auf das folgende Eigenschaften zutreffen*
auf der höchsten Ebene	klug mutig mitfühlend	kreativ inspirierend befreiend	unabhängig erfolgreich glücklich **reich**
auf der mittelmäßigen Ebene	nachahmend zögernd eigennützig	wiederholend verwirrt ängstlich	abhängig stumpfsinnig unglücklich **stagnierend**
auf der untersten Ebene	verschlagen habgierig egoistisch	widernatürlich hinterhältig beschränkt	erniedrigend gewalttätig böse **destruktiv**

macht häufig Abstecher in die unterste, gelegentlich auch in die höchste Ebene, verzeichnet also im endlosen Bemühen, auf der mittleren Ebene zu bleiben, Ausschläge in beide Richtungen.

Den Wenigen, die die meiste Zeit auf der höchsten Ebene zu finden sind, unterläuft hin und wieder durch eine unkluge Entscheidung ein Ausrutscher. Doch unabhängig von unserer Existenzebene sind wir alle in der Lage, großartige Entscheidungen zu treffen. Wir haben immer die Chance, die höchste Denkebene zu erreichen und ein virtuoses Leben zu führen.

Moralisches und mentales Vehikel

Ich glaube, dass Gott uns zwei Gaben mit auf den Weg gegeben hat, die uns großartige Entscheidungen zu treffen erlauben, und um diese soll es im folgenden Abschnitt gehen. Sie unterscheiden sich deutlich voneinander, stehen aber in Relation zueinander. Wir benutzen sie entweder, um uns zu Virtuosität oder in die Mittelmäßigkeit zu bewegen, daher nenne ich sie Vehikel. Ohne sie können wir keine Stärke erlangen, und die Art, wie wir sie steuern, definiert unsere Bestimmung im Leben und legt die Qualität unserer Erfolge fest. Ich bezeichne sie als moralisches und mentales Vehikel.

Das Wort mental bezieht sich im allgemeinen auf alles Verstandesmäßige. Alles Handeln steht in sehr enger Beziehung zum Denken, unabhängig davon, ob wir uns des Zusammenhangs bewusst sind oder nicht. Mentales Vehikel ist mein Kürzel für das, was wir tun. Wir agieren sozusagen mit unserem Kopf und unseren Händen. Beim Sprechen setzen wir unseren Verstand und Laute ein, um das auszuführen, was man Unterhaltung nennt, also ist das Sprechen Bestandteil des mentalen Vehikels. Weiter gefasst ist das mentale Vehikel unsere Arbeit, die Position oder Beschäftigung, mit der wir unseren Lebensunterhalt verdienen. Da wir nicht für alles, was wir tun, bezahlt werden, schließt dieser Bereich auch unsere freiwilligen Tätigkeiten mit ein, vom Hobby bis zur ehrenamtlichen Mitarbeit. Aussagen wie »Ich bin Schriftstellerin« oder »Ich bin Hausfrau und Mutter« stellen präzise Beschreibungen des mentalen Vehikels dar.

Mentales Vehikel	*Moralisches Vehikel*
Wie wir handeln	**Wer wir sind**
Karriere	Seele
Arbeit	Gewohnheiten
Stellung	Werte
Intellekt	Gefühle
Fähigkeiten	Tugenden

Während das mentale Vehikel real erfassbar und in Form einer konkreten Arbeit oder Dienstleistung einfach festzumachen ist, ist das moralische Vehikel häufig nicht erkennbar. Es liefert Hinweise darauf, wer wir wirklich sind. Das moralische Vehikel ist Ausdruck unseres innersten Kerns, unserer vorhandenen oder fehlenden Tugenden, die unseren Charakter und unsere moralische Grundeinstellung ausmachen. Natürlich spielt auch beim moralischen Vehikel das Denken eine Rolle, doch meiner Meinung nach entspringen diese Gedanken eher der Seele als dem Verstand, daher die Bezeichnung moralisch. Mit dem mentalen Vehikel können wir einen Beitrag für die Menschheit leisten, doch es ist die moralische Einstellung, die die Qualität dessen, was wir geben, und die Inspiration, die wir anzubieten haben, bestimmt.

Mit meiner Arbeit will ich aufzeigen, wie wir beide Vehikel intelligent einsetzen und gemeinsam weiterentwickeln können. Wenn sich nicht beide auf gleicher Höhe befinden, werden wir zuerst ein Ungleichgewicht verspüren und früher oder später unweigerlich in Verzweiflung verfallen. Ein häufig vorkommendes Beispiel dafür ist der erfolgreiche und dynamische Angestellte, der für seinen Charme, sein Charisma und seine Kreativität bekannt ist, aber eine trostlose und lieblose Ehe führt. Der Mann bewegt sich auf lange Sicht auf der Ebene der Mittelmäßigkeit und wird sich früher oder später der »Halbheit« seines Lebens bewusst werden.

Um Virtuosität zu erreichen, müssen wir moralisch und mental stark werden. Wir werden niemals die absolute Vollkommenheit erreichen, aber wir können uns ihr annähern.

Beweisen Sie Mut im Leben

Wir suchen uns selbst aus, auf welcher Denkebene wir leben, und es steht uns frei, diese jederzeit zu verlassen. Falls wir nicht dort sind, wo wir unserer Meinung nach sein sollten, wo sich unser Leben mit unserer Seele deckt, müssen wir anhalten und nachdenken. Ein Schiff auf hoher See kann sein Sichten von Land um tausend Kilometer verändern, wenn es um nur zwei Grad vom aktuellen Kurs abweicht. Und auch wir können das Ergebnis unseres Lebens mit ein paar einfachen Veränderungen radikal beeinflussen. Ein neuer Kurs führt garantiert an einen anderen Zielort, Welten entfernt von der Zukunft, die wir im Moment anpeilen.

Doch bevor wir einen Schritt nach vorne machen können, müssen wir unseren aktuellen Standort realistisch bestimmen. Dabei helfen uns folgende drei Erfordernisse:

1. Akzeptieren wir uns so, wie wir im Augenblick sind.
2. Akzeptieren wir, wer oder was wir nicht sind.
3. Akzeptieren wir, dass wir für die Konsequenzen unserer Entscheidungen selbst verantwortlich sind.

Die Einsicht, dass wir in Mittelmäßigkeit leben, ist schmerzhaft; doch einfach blind weiterzumachen, würde ein Leben in Verwirrung und Abgestumpftheit garantieren. Wenn wir herausfinden, wo genau wir feststecken, haben wir schon den ersten Schritt zu unserer Befreiung unternommen.

Zwei Fragen

Immer wenn ich in einem Vortrag oder Seminar über Mittelmäßigkeit spreche, tauchen an dieser Stelle automatisch zwei Fragen auf: Werde ich meine Freunde verlieren und alleine zurückbleiben, wenn ich mich aus der Mittelmäßigkeit befreie? Und wie soll ich mich gegenüber all den mittelmäßigen Denkern in meinem Umfeld verhalten?

Meine Antwort auf die erste Frage lautet: Sie müssen unterscheiden, was für Sie akzeptabel ist und was nicht. Sie werden keine Freunde verlieren, nur weil Sie sich selbst weiterentwickeln. Aber Sie könnten diesen Freunden verloren gehen, wenn diese Ihnen nicht ebensoviel Respekt und Rücksicht entgegenbringen wie sie von Ihnen erhalten. Ich habe die Erfahrung gemacht, dass wertvolle Menschen, auch wenn sie noch in der Mittelmäßigkeit feststecken, Menschen von Format nicht verlieren wollen. Sie bringen ihnen mehr Aufmerksamkeit entgegen, bewundern ihren Einsatz und wissen ihre Bemühungen um die Freundschaft zu schätzen. Manche Freunde, die sich selbst nicht weiterentwickeln und Sie in diesem Prozess aufhalten wollen, werden sich allerdings irgendwann zurückziehen, sollten Sie ihnen nicht schon zuvorgekommen sein.

Was die zweite Frage betrifft, so sollten Sie alle Menschen mit Würde und Mitgefühl behandeln – wie Sie ja auch selbst gerne von jenen behandelt werden möchten, die über Ihnen stehen. Es gibt viele Menschen, die mit weniger leben als wir, und das bezieht sich nicht auf das Materielle. Wir sind menschliche Wesen; wir sind nicht vollkommen und werden es nie sein. Wir haben alle unsere Schwächen, an denen wir arbeiten können. Sich anderen überlegen zu fühlen ist arrogant, und Arroganz ist ein typisches Attribut der Mittelmäßigkeit.

Eine Einschränkung gilt allerdings: Lassen Sie sich von niemandem respektlos behandeln. Ich persönlich gehe niemals irgendwohin, wo ich schon im Voraus weiß, dass ich nicht geschätzt werde.

KAPITEL 3

Unverwechselbare Entscheidungen treffen

Die Kräfte hinter jeder Entscheidung • Wie moralische und mentale Stärke zusammenwirken • Treffen Sie Ihre Entscheidungen aus Überzeugung oder aus Bequemlichkeit? • Wie unsere Gewohnheiten entstehen • Starke Entscheidungen lassen keinen Raum für Mittelmäßiges • Fünf Schritte, die Sie weiterbringen

Rita werde ich nie vergessen. Ihre Zukunftsperspektiven waren alles andere als rosig und ihre materiellen Umstände äußerst beschränkt – doch was sie aus ihrem Leben machte, ist der beste Beweis für die Gültigkeit dieses Kapitels. Natürlich haben biologische und Umweltfaktoren einen großen Einfluss auf uns. Doch was wir daraus machen, entscheiden wir selbst. Wenn wir wie Rita aus Überzeugung motiviert sind, können wir unsere angeborene Stärke aktivieren und uns ohne Rücksicht auf unsere eventuellen Blockaden auf Virtuosität zubewegen. Oder aber wir ergeben uns der gegenläufigen Macht, der Schwäche, und sinken noch tiefer in die Mittelmäßigkeit.

Ich unterrichtete in Mexico City und traf eines Tages im

Treppenhaus der Wohnanlage, in der ich lebte, zufällig Rita. Sie war die Putzfrau, arbeitete mit großem Einsatz und wurde von den Bewohnern geschätzt, denen sie viele kleine Gefälligkeiten erwies. Für sie war das eine Selbstverständlichkeit und ein Gebot der Höflichkeit, für uns eine unbezahlbare Erleichterung in unserem geschäftigen Alltag.

Rita erzählte mir tränenüberströmt, dass ihr Mann eine andere Frau habe. Er erwartete von ihr, dies zu akzeptieren und nicht weiter darüber zu diskutieren. Er wollte zu Hause seinen Frieden haben und sie sollte sich damit gefälligst abfinden.

Ich lud Rita in meinen Kurs ein. Die anderen Teilnehmerinnen waren allesamt aus namhaften Familien, viele von ihnen waren mit Männern verheiratet, die in der Modebranche arbeiteten. Der Unterschied hätte nicht größer sein können – so exklusiv das Umfeld war, in dem sie lebten, so ärmlich war das von Rita, doch sie unterstützten und ermutigten sie von ganzem Herzen. Ganz und gar zum Wachsen entschlossen, entwickelte sich Rita zur Vorzeigeschülerin, die, weil sie so wenig hatte, die anderen, die so viel hatten, inspirierte.

Wo auch immer Menschen auf ein gemeinsames Ziel hinarbeiten, entwickelt sich schnell ein Band der Zuneigung, und das galt auch für meine Schülerinnen und mich. Wehmütig, aber auch mit großer Vorfreude, planten wir eine Abschlussparty. Sie sollte im wunderschönen Haus einer der Teilnehmerinnen stattfinden. Ein Büffett war bestellt, ich sollte Urkunden verteilen und einige der Frauen wollten vor den gut 75 Gästen ihre Erfahrungen aus dem Seminar schildern.

Rita wollte nicht kommen, weil sie für eine solche Gelegenheit nichts anzuziehen hatte. Doch ihre Mitschülerinnen konnten sich eine Abschlussfeier ohne Rita nicht vorstellen. Eine nach der anderen bot Rita ein Designerkleid, edle Schuhe, Accessoires, einen Friseurbesuch und ein Make-up an. So wurde Rita für die Party ausstaffiert. Nach dem kurzen offiziellen Teil sorgte sie für allgemeine Überraschung, als sie aufstand und um das Mikrofon bat.

»In Gesellschaft dieser Damen das alles lernen zu dürfen«, sagte sie mit sanfter Stimme, »war wie ein Traum. Bisher dachte ich immer, so vornehme Damen gibt es nur in Magazinen, doch sie haben mich in ihre Runde aufgenommen, als wäre ich eine von ihnen und mich so respektvoll und einfühlsam behandelt, wie ich es noch nie erfahren habe.

Meine Familie ist arm. Das Schlimmste am Armsein ist wahrscheinlich die Ignoranz. Ignoranz lässt einen glauben, dass man keine Wahl hat. Ich ging bis zur dritten Klasse in die Schule, länger als alle anderen in meiner Familie, und ich habe geglaubt, dass ich nicht mehr verlangen könne. Meine Kinder sollten weiterkommen. Ich habe geglaubt, Hausarbeit sei das Einzige, was für eine Frau wie mich in Frage kommt. In jugendlichem Überschwang zog ich sehr früh mit einem Mann zusammen. Ich liebte diesen Mann und dachte, er würde mich ebenfalls lieben. Ich dachte, dass er mich ausnutzt, ist eben das Bündel, das ich in meinem Leben zu tragen habe. Alle die ich kenne, leben so. Ich dachte auch, Wut und Demütigung gehörten einfach dazu, wenn man einen Mann liebt. Doch zu akzeptieren, dass er das Recht hat, eine andere Frau zu haben und das eben Teil meines Lebens sei – das konnte ich nicht.

Ich hätte mir niemals träumen lassen, einmal mit all diesen vornehmen Damen hier zu stehen, denen ich mich so nahe fühle. Doch wie Sie sehen, stehe ich tatsächlich hier. Ich versuche die richtigen Worte zu finden, um meine Dankbarkeit dafür zum Ausdruck zu bringen, dass ich hier sein darf und all dies lernen durfte. Wissen ist ein Geschenk, das mit Geld nicht aufzuwiegen ist. Meinen Kindern kommt mein neues Wissen nun auch zugute. Ihr Leben ist bereits anders als meines und aus meinem Beispiel können sie lernen. Ich werde mich bis ans Ende meines Lebens für mein Recht auf Respekt einsetzen und das will ich auch meine Kinder lehren. Sie werden mit einem Gefühl für Würde aufwachsen und ohne Hass.«

Mit einem herzlichen Danke beendete Rita ihre Ansprache. Einen Moment lang herrschte Schweigen, dann setzte lauter Beifall ein.

Bei meinem letzten Aufenthalt in Mexiko besuchte mich Rita. Ihre neue Art sich zu kleiden, machte sie jünger und hübscher. Die Demütigungen gehörten der Vergangenheit an. Ihr Ehemann flehte sie immer noch an, zu ihren Bedingungen zu ihm zurückzukehren, doch auch die Liebe zu ihm war ein Teil der Vergangenheit. Rita sorgte dafür, dass die Kinder ihn regelmäßig treffen konnten, und sie sahen ihn nun öfter als zu der Zeit, als sie noch zusammengelebt hatten. Ritas neues Selbstvertrauen hatte ihr neue berufliche Perspektiven eröffnet. Sie war Geschäftsführerin eines Schönheitssalons – keine schlechte Entwicklung für eine angeblich ohne jede Perspektive in einem Dritte-Welt-Land geborene Zugehfrau.

Die Kräfte hinter jeder Entscheidung

Wenn es um Entscheidungen geht, benutze ich das Wort Stärke vor allem im Sinne jener Kraft, die unsere moralischen und mentalen Vehikel antreibt (wer wir sind und wie wir handeln). Wie beim Aufbau eines Muskels erlangen wir Kraft, indem wir vorhandene Talente trainieren und neue hinzufügen, um aus unseren Gewohnheiten und unserer Bequemlichkeit herauszuwachsen und das Vertraute, Bequeme und Sichere beiseite zu schieben. Schwäche ist das Gegenstück dazu. Sie dominiert, wenn wir uns unserer Trägheit hingeben und Dinge vernachlässigen, die erledigt werden sollten. Wir unternehmen entweder überhaupt nichts oder nur so viel, wie unbedingt notwendig ist.

Ob wir starke oder schwache Entscheidungen treffen, hängt davon ab, ob wir aus Überzeugung oder aus Bequemlichkeit handeln. Aus Überzeugung handeln heißt genau wissen, was getan werden muss. Starke Entscheidungen schaffen das Bedürfnis nach noch mehr solcher Entscheidungen und bauen Selbstvertrauen auf. Manchmal erscheint uns das, was getan werden sollte, schwierig oder seltsam, weil wir uns aus Angst oder Faulheit angewöhnt haben, schwache und bequeme Entscheidungen zu treffen.

Bequemlichkeit beruht auf dem, was angenehm ist, schnelle Resultate verspricht oder einfach erscheint. Entscheidungen, die aus Bequemlichkeit getroffen werden, zehren an unseren Kräften und führen zu weiteren Entscheidungen, die unsere moralische und mentale Konstitution schwächen. Bequemlichkeit ist angenehm, und in der Regel vermeiden wir Anstrengungen und unbequeme Situationen, doch Gleichgültigkeit führt zum Ruin. Wenn wir bequem werden, ergeben wir uns der Schwäche. Wir handeln mit schöner Gewohnheit immer wieder gleich, erschöpfen uns selbst und sind unfähig, in Zukunft etwas besser zu machen. Wir sind mit dem zufrieden, was wir bereits ganz ordentlich machen. Etwas auf später zu verschieben oder es überhaupt gleich sein zu lassen, kommt einer Kapitulation gleich.

Die Ebenen von Aufstieg und Niedergang sind als Pyramiden dargestellt. Die positive Pyramide der Stärke und die negative der Schwäche stehen als Symbole für Kraft und Mut beziehungsweise für Schwäche und Feigheit, die sich in uns ansammeln, wenn wir Erfolg haben oder scheitern. Wir bewegen

ÜBERZEUGUNG ODER BEQUEMLICHKEIT

ÜBERZEUGUNG
(STÄRKE)

Freiheit

Hoffnung und Glaube
Bestimmung
Potenzial
Enthusiasmus
Freude
Erfolg
Selbstachtung
Vertrauen

Durchbruch

Erwartungen
Handlungen

MITTEL-
MÄSSIGKEIT

Stagnation

Verschlechterung
Schwäche
Krise
Angst
Selbstzweifel
Selbstverachtung
Unzufriedenheit
Beschränkung
Schicksal
Trübsinn
Opferdasein

BEQUEMLICHKEIT
(SCHWÄCHE)

Kein Handeln
Wunschdenken

Krise

Unsicherheit
Selbsthass
Versagen
Traurigkeit
Depression
Beschränkung
Schicksal
Verzweiflung

Opferdasein

uns instinktiv von einer Ebene zur nächsten, bewegen uns auf der einen Seite hinauf, bis wir einen Durchbruch erleben, oder auf der anderen Seite hinunter in eine Krise.

Auf der Seite der Überzeugung brauchen wir zu Beginn jeder Ebene eine Basis an Wissen und Fähigkeiten, die wir weiter ausbauen. Wir arbeiten an uns, bis wir, ähnlich wie ein Sportler, der sich auf einen Wettbewerb vorbereitet, Höchstform erreichen. Wenn wir auf dieser Ebene den letzten notwendigen Schritt tun, treten wir damit über die Schwelle zur nächsten Chance. Ein Durchbruch. Mit zunehmender Stärke bereiten wir uns auf die nächste Erfahrung vor, die auf dem Weg zur Erfüllung unserer Träume auf uns wartet.

Wie moralische und mentale Stärke zusammenwirken

Vielleicht sind wir verstandesmäßig schon bereit, den Schritt nach vorne zu tun. Doch es fehlt uns noch die nötige moralische Stärke, um die Chance, die wir suchen, auch nutzen zu können. Alle Entscheidungen, die aus Überzeugung getroffen werden, entspringen einer Kraft, die auch auf alle anderen Bereiche unseres Lebens ausstrahlt. Erst wenn unsere Kraft umfassend ist, rücken wir zur nächsten Ebene auf. Wir können erst dann eine weiterführende Schule besuchen, wenn wir die Grundschule absolviert haben. Unser erster Tag in der weiterführenden Schule stellt die erste Herausforderung auf dieser neuen Ebene dar. Dieses Grundprinzip, dass uns unsere Chancen nicht einfach in den Schoß fallen, sondern dass sie mit uns wachsen, gilt für jede beliebige Situation. Was wir bereits geleistet haben, bildet das Fundament für das, was als Nächstes geschehen wird.

Unsere momentane Kraft reicht niemals aus, um eine neue Herausforderung zu bestehen. Wir müssen unsere bequeme Zone verlassen, um über uns selbst hinauszuwachsen. Probleme, die weniger oder genau die Kraft erfordern, die wir im Moment haben, können wir leicht lösen. Aber um mehr Kraft zu entwickeln, müssen wir uns einer größeren Herausforderung stellen. Da geht es uns wie dem Ringer, der an Kraft zulegt, indem er sich einen größeren und schwereren Gegner sucht.

Die Entscheidungen, die wir aus Schwäche treffen, haben mit unserer Bequemlichkeit zu tun und damit, ob wir zu etwas Lust haben oder nicht. Oder ob wir Angst haben oder nicht. Angehäufte bequeme Entscheidungen erzeugen eine negative Energie und Stress, der zum Kollaps führt. Anstatt uns nach oben, auf einen Durchbruch hinzubewegen, fallen wir nach unten in eine Krise. Wenn wir versuchen, ein Problem durch eine bequeme Entscheidung zu lösen, kaschieren wir es bloß und zögern eine echte Lösung hinaus. Taucht das Problem erneut auf, und das wird es mit Sicherheit, sind wir noch schwächer und der Herausforderung noch weniger gewachsen.

Wir haben uns bereits mit jener negativen Stabilität beschäftigt, die wir als Mittelmäßigkeit bezeichnen. Mittelmäßigkeit entsteht, wenn sich die Schubkraft der Überzeugung und die Zugkraft der Bequemlichkeit mehr oder weniger die Waage halten und dadurch eine vorübergehende Stagnation eintritt, die sich durch eine minimale, aber ständige Verschlechterung auszeichnet.

Jedem von uns steht es frei, sich aus den Tausenden von Gedanken, die uns täglich durch den Kopf gehen, beliebige auszusuchen und weiterzuverfolgen. Es steht uns frei, hier und jetzt zu tun, was getan werden muss. Es steht uns aber ebenso frei, in den Tag hineinzuleben und weiterhin alles so zu machen, wie wir es schon immer gemacht haben. Das mag uns akzeptabel erscheinen, weil uns niemand dabei zusehen oder davon erfahren wird. Doch *weil* wir es sehen und wissen, behandeln wir uns selbst unweigerlich als ein Nichts.

Legen Sie bitte eine kleine Pause ein und führen Sie folgende Übung durch, in der es um Ihre vergangenen, gegenwärtigen und zukünftigen Entscheidungen geht. Nehmen Sie die ungelöste Situation aus Kapitel 1 und notieren Sie:

- Zwei starke Entscheidungen, die Sie in dieser Situation hätten treffen können, aber nicht getroffen haben,
- zwei schwache Entscheidungen von damals, die Sie heute nicht mehr treffen würden,
- zwei Entscheidungen, die Sie gerne treffen würden, wenn Ihre Kraft größer geworden ist als Ihr Problem.

Diese Übung wird Ihnen Aufschluss darüber geben, auf welche Weise Sie selbst zu dieser Situation oder diesem Problem beigetragen haben. Aufgrund dieser neuen Erkenntnis können Sie klare Entscheidungen treffen, die Sie zu einer Lösung führen.

Treffen Sie Ihre Entscheidungen aus Überzeugung oder aus Bequemlichkeit?

Jede Entscheidung zieht Konsequenzen nach sich, und starke Entscheidungen führen zu mindestens drei, von denen wir persönlich profitieren: großes Selbstvertrauen, starkes Selbstbewusstsein und Glück in der Erfahrung von persönlichem Wachstum und Fortschritt. Was wiederum neue Möglichkeiten eröffnet und zu wertvolleren beruflichen, gesellschaftlichen und persönlichen Beziehungen beiträgt. Noch ein Vorteil, wenn auch oft unerwünscht, ist mehr Geduld, denn positive Entwicklungen äußern sich manchmal nur durch kleinste Anzeichen und lassen sich daher häufig nicht sofort erkennen. Um wieder auf unser Beispiel mit dem Schiff zurückzukommen: Eine minimale Kursänderung entscheidet, ob es in San Francisco oder Acapulco ankommt, doch das Meer sieht während der gesamten Reise mehr oder weniger gleich aus.

»Wachstumsschmerzen« ist der Ausdruck, der häufig benutzt wird, um den Übergang von der Kindheit zur Pubertät zu beschreiben, wenn der Verstand eines Kindes den Körper eines Erwachsenen bekommt, der auf einmal mit ungeahnten körperlichen Veränderungen und neuen Verantwortungen zurecht kommen muss. Über das Vertraute hinauszuwachsen, ist immer bis zu einem gewissen Grad mit Schmerz oder Stress verbunden. Daher empfindet man es anfangs als unangenehm, zumindest aber als ungewohnt, wenn man aus Überzeugung etwas ändern will und starke Entscheidungen trifft. Doch starke Entscheidungen führen zu größerem Frieden mit uns selbst und zu höheren Erwartungen an die Möglichkeiten, die vor uns liegen.

Eine Verbesserung der sprachlichen Ausdrucksmöglichkeiten ist ein Gradmesser dafür, dass Entscheidungen mehr und mehr aus Überzeugung gefällt werden. Sie werden es merken, wenn Sie sich mit abgedroschenen Phrasen und Klischees über eine Situation beklagen. Das Vertrauen in Ihre Überzeugungen wird Ihre Sprache präziser machen und Ausdrücke wie »ganz gut« oder »geht schon« werden nicht mehr zu Ihrem Wohlbefinden und Ihrer Freude passen.

Ein weiteres Anzeichen von Wachstum ist zunehmende Großzügigkeit. Sie werden weniger zu Konkurrenzdenken oder Neid neigen. Selbstzufriedenheit angesichts schwacher Entscheidungen ist bloße Bequemlichkeit, verbunden mit Blasiertheit, die andere Menschen auf Distanz hält. Echte Selbstzufriedenheit entsteht aus überzeugtem Handeln und öffnet uns das Herz. Wir können anderen mit Freundlichkeit begegnen, sie einladen und zu persönlichem Wachstum ermutigen.

Entscheidungen, die aus Schwäche entstehen, schaffen wenig Lebensqualität. Ihre Folgen: Enttäuschung, Versagen, Erniedrigung, Unterwürfigkeit, Wut, Leere, Selbstzerstörung. Durch Schwäche entfernen wir uns immer mehr von der letzten Wahrheit – und damit auch von unserer ganz persönlichen Wahrheit. Je mutloser uns die Konsequenzen unserer schwachen Entscheidungen machen, desto weniger Platz haben wir mehr für positive Gedanken. Ganz zu schweigen von positiven Handlungen, um zu Virtuosität zu gelangen.

Wir Menschen haben sehr viele Begabungen, und obwohl wir nur einen geringen Teil unseres Potenzials nutzen, erreichen wir damit noch eine ganze Menge. Selbst mit minimalstem Aufwand können wir uns einigermaßen gut halten und ein völliges Scheitern vermeiden. Es genügt, dass wir uns nur ein klein wenig strecken – und schon können wir überwältigende Resultate erzielen. Unser brachliegendes Potenzial wartet darauf, eingesetzt zu werden. Das zu ignorieren bedeutet, das Leben als Ganzes zu ignorieren.

Wie unsere Gewohnheiten entstehen

Indische Yogis behaupten, es dauere sechs Wochen, bis eine bestimmte Handlung zur Gewohnheit wird, und zwei Jahre, bis sich die Gewohnheit zum Prinzip entwickelt, zu einer Säule innerer Wahrheit, die unseren Charakter symbolisiert. Westliche Verhaltensforscher gehen von leicht abgeänderten Zeitvorgaben aus, sind aber im Wesentlichen der gleichen Meinung. Um uns auf dem Weg zu Virtuosität weiter vorwärts zu bewegen, müssen wir es uns zur Gewohnheit machen, unsere schwachen Entscheidungen zu starken werden zu lassen. Die Frage lautet nur, wie.

Wir entscheiden uns dazu.

Unser nächster Schritt liegt immer klar auf der Hand. Aber wenn wir keine Lust oder Angst haben, können wir nicht erkennen, was zu tun ist. Auf dem Weg zu Virtuosität gibt es keine Abkürzungen. Man muss erkennen, was zu tun ist – und sich dann für diese Handlung entscheiden. Durch einen klareren Blick schaffen wir neue Lösungen für alte Probleme und entwickeln die Kraft, diese Lösungen durchzusetzen und die Probleme hinter uns zu lassen. Ein motivierendes Beispiel dafür ist ein ehemaliger Schüler von mir, James.

In unserem ersten Gespräch schilderte mir James, wie er sich in seinem Beruf als Verkäufer von Aufzügen fühlte. Er hasste seine Arbeitsmaterialien und verabscheute seine Kunden. Er empfand große Abneigung gegen sein Büro, die Gegend, in der es lag und alles, was damit zusammenhing, von den Toiletten bis zu den Getränkeautomaten. Er verachtete seine Vorgesetzten und seine Kollegen. Es war schwer zu sagen, was James am meisten hasste, aber ganz oben auf der Liste standen in etwa gleichwertig die Stechkarte, mit der er sich zur Arbeit an- und abmelden musste, und die Anwesenheitspflicht bei Verkaufstrainings.

Da James sich unbedingt aus dieser Situation befreien wollte, war er meiner Idee gegenüber ganz aufgeschlossen, seinen Beruf als Sprungbrett dafür zu nutzen, jene Fähigkeiten und Charaktereigenschaften zu entwickeln, die ihn auf eine neue Ebene mit neuen Möglichkeiten bringen würden. Bewusst verlagerte er nun seine Energien: anstatt alles zu hassen, ging er dazu über, respektvoll zu handeln. Seine Hausaufgabe lautete, professionell mit den Kunden umzugehen, das heißt keine Vornamen zu benutzen, wenn es nicht ausdrücklich vereinbart wurde und keine distanzlosen Bemerkungen oder Witze fallen zu lassen. Ich legte ihm nahe, effizienter zu arbeiten, sein Wort zu halten, pünktlich zu sein und sauber und ordentlich gekleidet zur Arbeit zu erscheinen. Und zu guter Letzt sollte er sein Arbeitsumfeld mit Respekt behandeln – seine Kollegen, die Arbeitsmaterialien, die Büroausstattung. Eine respektvolle Haltung sollte seine neue Lebensmaxime werden.

James' Entscheidung, effizienter zu arbeiten, brachte ihm pro Tag zwei Verkaufsgespräche mehr und damit zusätzliche Provisionen ein. Nach kurzer Zeit hatte er so viele neue Interessenten, dass er morgens zwei Stunden früher als alle anderen ins Büro kommen und abends immer wieder mehrere Überstunden anhängen musste. Da er so ausgelastet war, konnte er aus triftigem Grund den Verkaufstrainings fern bleiben, die ihm so zuwider waren. Er brach alle Verkaufsrekorde. Auf Geheiß der Geschäftsführung warf er seine Stechkarte in den Papierkorb und kam und ging, wie er es für nötig hielt. James packte die Gelegenheit beim Schopf und arbeitete statt fünf Tage die Woche nur noch vier, was er bis dahin für völlig unmöglich gehalten hatte.

Leistung spornt zu mehr Leistung an. James' Einkommen stieg kontinuierlich und er hatte nun auch noch die Möglichkeit, jenen Freizeitaktivitäten nachzugehen, die er sich immer gewünscht hatte. Auch die Beziehung zu seiner Freundin wurde besser. Hatte ihn früher oft das schlechte Gewissen geplagt, zu wenig Zeit mit ihr zu verbringen, genoss er es nun, mit ihr zusammen zu sein.

Unsere gemeinsame Arbeit lag schon Monate zurück, als James mich einmal aus San Francisco anrief. Seine Firma bezahlte ihm Flüge quer durch die Vereinigten Staaten, damit er das Geheimnis seines Erfolgs weitergeben konnte. Sein Wunschtraum, es der Geschäftsführung einmal so richtig zu zeigen, war Realität geworden – und er wurde dafür auch noch bezahlt! Die letzte Nachricht von James erreichte mich in Form eines Firmenrundschreibens, in dem er als Top-Verkäufer des Jahres vorgestellt wurde.

Jede beliebige Situation im Leben eignet sich, um unser neues Wissen anzuwenden und starke Entscheidungen zu verwirklichen. Mit einer neuen Sicht der Dinge können wir unsere gesamten Lebensumstände verändern.

Starke Entscheidungen lassen keinen Raum für Mittelmäßiges

Um etwas zu verbessern, muss man sich nicht in eine große Schlacht stürzen. Wir brauchen nichts Radikales oder Unnatürliches zu tun. Und wir müssen auch nicht unsere ganze Kraft auf einen einzigen Moment konzentrieren, um die schwierige Situation, die uns so viele Sorgen bereitet hat, aus unserem Leben zu entfernen. Kleine, einfache Entscheidungen haben uns dahin gebracht, wo wir momentan sind – und ganz kleine Verbesserungen werden uns die Klarheit und Kraft geben, mit der wir diese Situation klären können.

Wenn es uns gelingt, die Qualität kleiner Entscheidungen zu verbessern, werden wir bald alles Mittelmäßige hinter uns gelassen haben. Wenn uns das Ergebnis der Summe unserer Entscheidungen nicht gefällt, müssen wir unsere Denkweise ändern. Jede Verbesserung entspringt einem klaren Gedanken. Jeder noch so kleine Schritt bedeutet Anstrengung, und Anstrengung setzt Energie frei.

Fünf Schritte, die Sie weiterbringen

Machen wir uns also an die Arbeit, Kräfte zu sammeln, indem wir täglich das anwenden, was ich als »Fünf-Schritte-Programm« bezeichne. Dabei handelt es sich um eine ganz einfache Übung, die für die Veränderung Ihres Lebens in tausenderlei Aspekten wesentlich sein wird. Wenn Sie schon mehr gelernt haben, werden Sie erkennen, wie vielseitig diese Schritte in jedem Lebensbereich anwendbar sind.

Überlegen Sie sich fünf Dinge in Ihrem Leben, die Sie besser machen könnten, oder fünf Dinge, die Sie tun sollten, aber bisher unterlassen haben. Suchen Sie sich einfache Sachen aus: das Bett machen, auf dem Schreibtisch Ordnung halten, den Stuhl wieder an seinen Platz stellen, wenn Sie vom Tisch aufstehen. Solche starken Entscheidungen, die aus Überzeugung entstehen, führen zu jener Denkweise, mit deren Hilfe sie sich neue Möglichkeiten erschließen.

1. *Erledigen Sie den Tag über alles, was getan werden muss.* Wir alle kennen sie, diese kleinen nervigen Geschäfte, die jeden Tag anstehen. Sie schlecht zu tun ist besser, als sie überhaupt nicht zu tun. Und wir können versuchen, sie nach und nach besser zu machen.

2. *Hören Sie auf, die Verantwortung auf andere zu schieben, sich zu beklagen oder sich zu rechtfertigen.* Wir wissen genau, wenn wir etwas Notwendiges nicht erledigt haben oder

wenn wir ungenügende Arbeit abgeliefert haben. Dieses Verhalten zu rechtfertigen bedeutet, in die Rolle des Opfers zu schlüpfen. Wenn wir erst einmal erkannt haben, dass der Großteil unserer Probleme daraus resultiert, dass wir Dinge unerledigt lassen, werden wir uns stärker bemühen, sie zum richtigen Zeitpunkt zu erledigen.

3. *Verbessern Sie Ihren sprachlichen Ausdruck.* Im Lateinischen heißt die große Masse *vulgus*. Vulgärsprache ist die Sprache der Massen. Wir wissen genau, wann wir uns nicht angemessen ausdrücken. Unsere Gefühle mit präzisen Worten zu beschreiben, macht uns zufriedener, als die nichtssagende oder vulgäre Sprache der Mittelmäßigkeit anzuwenden.

4. *Zeigen Sie mehr Mitgefühl.* Wir wissen genau, wann wir mit anderen konkurrieren, wann wir angeben, andere schlecht machen, Klatsch verbreiten oder über Dinge sprechen, die unser Gegenüber nicht hören möchte. Das ist das Gegenteil von Mitgefühl und betoniert uns nicht nur in der Mittelmäßigkeit ein, sondern macht uns bösartig. Womit wir nur die Armseligkeit unserer Existenz enthüllen.

5. *Kapitulieren Sie nicht vor dem Widerstand, den wir alle in uns tragen.* Das ist natürlich schwierig, aber wir können es immer und immer wieder neu versuchen. Wir wollen uns befreien. Haben wir Angst vor dem Schritt nach vorne oder haben wir Angst vor der Kapitulation? Es ist weitaus einfacher, mit der Angst vor dem, was auf uns zukommen

wird, zu leben, wenn wir uns vorwärts bewegen. Denn das Elend, das uns auf dem Weg zurück erwartet, kennen wir bereits.

Ich muss mich gelegentlich dem Vorwurf aussetzen, Erwachsenen Kinderkram als Hausaufgabe aufzugeben. Doch das Fünf-Schritte-Programm soll den Verstand zu ständiger Selbstkontrolle trainieren. Bei den vorhin genannten Übungen geht es nicht darum, das Bett zu machen – es geht vielmehr darum, sich eine Denkweise anzutrainieren, die eine kontinuierliche Weiterentwicklung gewährleistet. Wir alle sind zu ein, zwei spektakulären Taten fähig. Doch diese werden unser Denkmuster in keiner Weise verändern. Kleine Schritte machen überzeugtes Handeln zur Gewohnheit, aus der schließlich eine Lebensphilosophie wird. Und diese wird Virtuosität hervorbringen – und zwar nicht in Form vereinzelt eintretender Ereignisse, sondern als deutliches Abbild unserer Persönlichkeit. Das ist durch kleine Schritte zu erreichen, die relativ wenig Anstrengung erfordern.

Jeder von uns hat einen wichtigen Auftrag im Leben, den wir aber erst erfüllen können, wenn unser Charakter gefestigt ist. Einer meiner Schüler, Jeffrey, wuchs in einem Ghetto auf und seine einzige Chance, eine höhere Schule besuchen zu können, führte über ein Stipendium. Er bewarb sich bei den Geisteswissenschaften und im Sport und erhielt schließlich ein Sportstipendium an einer angesehenen Universität. Danach wurde er Profisportler. Aus Mitgefühl für die Menschen, die seine bescheidenen Anfänge geteilt hatten, besuchte Jeffrey sehr oft seine alte Wohngegend. Er versuchte nicht, die jungen Leute direkt zu beeinflussen, half aber, wo er konnte. Seine Anwesenheit allein genügte, sämtliches Reden war überflüssig. Versuchen Sie einmal Jeffrey, oder jenen, die er durch sein Beispiel inspirierte, zu erzählen, dass simple Arithmetik, die Grundkenntnisse, wie man einen Ball wirft und fängt oder das Prinzip des Dividierens sinnlose Hausaufgaben seien. Jeffreys Beispiel motivierte Dutzende von Jungen und Mädchen, eine höhere Schulbildung anzustreben und durchzuhalten.

Es hängt von unseren kleinen Entscheidungen ab, wie wir uns fühlen. Und das wiederum ist entscheidend für unser Verhalten. Unser Verhalten wirkt auf andere. Es steht jedem von uns frei, aktiv einen Beitrag für die Gesellschaft zu leisten oder vom Allgemeingut zu zehren.

KAPITEL 4

Das Leben – ein Tanz

Fürsorge und Wertschätzung • Das Gesetz der Verantwortung • Wenn aus Tugenden Schwächen werden • Mit einem Minimum an Verantwortung leben

Nachdem ich als Jugendliche einige Jahre in den Vereinigten Staaten verbracht hatte, bekam ich wieder großen Appetit auf das Leben in meinem Heimatland. Ich wollte in El Salvador weiter zur Schule gehen, worüber mein Vater überhaupt nicht glücklich war. Doch er erklärte sich unter einer Bedingung einverstanden: Ich sollte ein Internat besuchen. Die folgenden drei Jahre waren eine sehr glückliche Zeit für mich.

Das Instituto Bethania ist eine katholische Schule, die nach europäischem Vorbild geführt wird. Es nimmt höchstens 125 Schülerinnen auf und führt eine endlose Warteliste. In der Schule herrscht wohldurchdachte Disziplin, jeder wird mit Respekt behandelt und die wunderbare Kultur wird eifersüchtig aufrechterhalten.

Obwohl die Schule teuer und exklusiv war, gab es außer in der Küche kein Personal. Wir Mädchen mussten alle Räume, die wir benutzten, auch selbst sauber halten – Badezimmer,

Schlafzimmer, Aufenthaltsräume und Klassenzimmer – sowie jeden Flur, auf dem wir uns aufhielten. Dafür gab es einen wöchentlich wechselnden Einsatzplan, so dass jede Schülerin lernte, was in den unterschiedlichen Räumen zu erledigen war. Die Arbeiten wurden stets von einer Schwester kontrolliert und wohlwollend beurteilt.

In meiner ersten Woche war ich für den Hauptgang zuständig, der eine mit Keramikfliesen belegte Bodenfläche von ungefähr sieben mal zehn Metern hatte, die von einer niedrigen Mauer umschlossen und durch Bögen halb nach außen geöffnet war. Ich erledigte meine Arbeit und wartete auf die Inspektion. Da kam die Oberin, Schwester Maria de la Cruz, vorbei. Sie war eine sehr resolute Frau, vielleicht die resoluteste, die ich je kennen gelernt habe, streng und konsequent, aber ebenso gütig. »Wer ist für diesen Gang verantwortlich?«, fragte sie.

»Ich, Mutter«, antwortete ich voller Stolz.

»Komm hierher«, sagte sie. »Sieh dir den Boden an und sage mir, was du darauf erkennst.«

Ich war sechzehn Jahre alt, verliebt in das Leben und sehr romantisch. Meine Antwort erfolgte prompt: »Ich sehe, wie sich der Himmel darin spiegelt, die Wolken, die Blätter der Bäume …«

»Schau noch einmal hin.«

Schweigen.

Sie antwortete für mich: »Wenn du dir den Boden genau

ansiehst, erkennst du Dutzende Streifen, die du mit deinem Mopp hinterlassen hast. Mehr als acht Streifen gehen nicht durch. Du wirst es noch einmal machen müssen.«

»Ja, Mutter«, sagte ich. Also fing ich noch einmal von vorne an. Und noch einmal. Insgesamt noch weitere vier Mal an diesem Tag. Das Acht-Streifen-Limit war schwer zu erreichen, doch schließlich gelang es mir.

Am Tag darauf musste ich nur noch drei Mal mit dem Mopp über den Boden gehen, bis ich mein Soll erfüllt hatte, und am nächsten Tag ging es noch besser. Am vierten Tag gab ich besonders Acht und fand heraus, wodurch die Streifen entstanden. Sie bildeten sich, wenn mein Arm müde wurde und ich den Mopp absenkte oder eine Pause machte.

An den Wochenenden besuchte ich einen Flamenco-Kurs, und ich hatte ein sehr gutes Gespür für den fließenden Bewegungsablauf bei diesem Tanz. Den gleichen Rhythmus versuchte ich auf das Moppen anzuwenden. Ich erledigte die Arbeit, ohne den Mopp auch nur ein einziges Mal abzusenken oder eine Pause einzulegen. Ich glitt rückwärts über den Boden und beschrieb mit meinem Mopp eine Acht, bis die gesamte Fläche glänzte. Ich begutachtete mein Werk und entdeckte nicht einen Streifen.

»Wie hast du das gemacht?«, fragte die Mutter Oberin. »Es ist perfekt.«

Ich zeigte ihr meine vom Flamenco inspirierte Mopp-Methode.

»Das hat es noch nie gegeben! Du hast es darin zur Meisterschaft gebracht! Ab sofort«, erklärte sie, »bist du die Meister-Mopperin. Hiermit übertrage ich dir die Aufgabe, diese Methode allen anderen Mädchen beizubringen. Und die werden sie nächstes Jahr den Neuen zeigen. Auf diesem Boden wird es nie wieder Streifen geben.«

Ich war so stolz und glücklich – die Meister-Mopperin! Als mein Vater mich für das Wochenende abholte, erzählte ich ihm die Geschichte. Erst lachte er vergnügt, doch dann wurde er ernst. »Meine kleine Tochter, nun hast du den Tanz des Lebens entdeckt. Immer wenn du siehst, wie jemand seine Aufgabe bemerkenswert gut erfüllt und das leicht und anmutig wirkt, kannst du sicher sein, dich in der Gegenwart eines Meisters zu befinden.«

Das war ein Schlüsselerlebnis für mich. Die Euphorie darüber, es in etwas zur Meisterschaft gebracht zu haben, machte mir Lust, dies immer und immer wieder zu erleben. Damals wusste ich nicht, dass Meisterschaft Virtuosität bedeutet, doch der Hunger danach eröffnete mir eine neue, bis dahin verborgene Welt: die Möglichkeit, meine Verantwortung so umfassend wie nur irgend möglich wahrzunehmen. Und entdeckte dabei die bisher größte Kostbarkeit: Dankbarkeit für das Leben.

Fürsorge und Wertschätzung

Verantwortung zu übernehmen bedeutet, für jemanden oder für etwas Sorge zu tragen. Sorge tragen heißt, etwas wertschätzen, es so würdigen, dass man es in gutem Zustand hält, es verbessert und aufwertet, wann immer sich Gelegenheit dazu bietet. Auf diese Weise entwickeln wir Respekt vor dem, wofür wir Sorge tragen. Und mit zunehmender Wertschätzung für das Objekt unserer Sorge wächst auch die Wertschätzung für uns selbst. Den ganzen Gewinn für unsere Fürsorge erfahren wir, wenn das mentale Vehikel, nämlich unsere Arbeit und unsere Dienste, mit dem moralischen Vehikel, nämlich wer wir sind, harmoniert. Unsere Fürsorge dehnt sich auf unser gesamtes Umfeld aus, auf andere Menschen, auf unser und deren Eigentum, auf die eigene Person, auf die eigenen Fähigkeiten und Talente und die der anderen.

Disziplin, Mut, Initiative, Organisationstalent und Klugheit sind nur einige der Abkömmlinge von Verantwortung. Da unsere moralischen und mentalen Vehikel sämtliche Aspekte unseres Lebens abdecken, können wir gar nichts Wichtiges außer Acht lassen, wenn wir beide verantwortungsvoll behandeln. Was wir tun, werden wir gut tun und zunehmend besser darin werden. Wir werden Neues ausprobieren und ständig dazulernen.

Es ist ganz natürlich, für das zu sorgen, was wir lieben. Doch es kann auch vorkommen, dass wir für etwas Sorge tragen müssen, das wir nicht einmal mögen. Wenn wir Verantwortung übernehmen, verpflichten wir uns aber, dessen ungeachtet unser Bestes zu geben. Wir werden dadurch zumindest den Wert dessen, was wir geben, schätzen lernen und unserem eigenen Sein mehr Qualität geben. Und wir werden den guten Dingen in unserem Leben größere Bedeutung beimessen.

Zu diesen guten Dingen, für die wir Sorge tragen müssen, gehören Selbstachtung und Selbstliebe. Wenn wir uns selbst und unser Handeln verbessern, wächst unser Selbstbewusstsein. Wenn wir für andere Sorge tragen, gibt ihnen das Mut und Kraft, doch Selbstbewusstsein können wir nicht weitergeben.

Viele Menschen behaupten, dass andere eben einfach Glück gehabt haben, wenn sie viele Fähigkeiten und Talente, gute Freunde, eine liebevolle Familie, einen erfüllenden Beruf, großen Besitz, Gesundheit, Schönheit und so weiter ihr Eigen nennen können. Doch die guten Dinge in unserem Leben haben nichts mit Glück zu tun. Wenn wir nicht Sorge für sie tragen, verlieren wir sie. Sie bedeuten enorme Verantwortung. Glück ist das Wort, das die Faulen benutzen, um den Erfolg der Verantwortungsvollen zu erklären.

Die meisten Menschen sehen Verantwortung als Verpflichtung und Last an – und nicht als eine wunderbare Chance. Wenn wir Verantwortung als Last betrachten, verwehrt uns das den Zugang zu den Chancen, die sich für uns auftun. Wenn wir für die momentanen Dinge in unserem Leben keine Sorge tragen, verbauen wir uns damit die Möglichkeit, in Zukunft für noch viel mehr Dinge Sorge tragen zu dürfen. Wir können aber nur für solche Chancen Sorge tragen, für die wir das entsprechende Rüstzeug besitzen. Welchen Sinn würde es machen, auf eine Chance hinzuarbeiten, mit der wir nicht umgehen können? Die neue Herausforderung ist nie größer als wir, jedoch größer als unsere momentane Kraft. Wenn wir uns bessere Chancen wünschen, müssen wir mehr Verantwortung übernehmen und dadurch jene Kräfte sammeln, die wir brauchen, um die neue Herausforderung zu bestehen.

Ob wir uns dessen bewusst sind oder nicht – unser Verhalten wird ständig von anderen überwacht. Und genau hier liegen unsere größten Chancen. Mundpropaganda ist nach wie vor *das* Marketinginstrument und unser guter Ruf das beste Produkt, das wir anzubieten haben.

Um für das Beste in uns Sorge tragen zu können, müssen wir die Tugenden, Werte, Eigenschaften und Fähigkeiten verstehen, die unsere Stärke ausmachen. Fähigkeiten wie Organisationstalent und handwerkliches Geschick sind leicht zu erkennen, ebenso Eigenschaften wie Pünktlichkeit, Kooperationsbereitschaft oder eine sympathische Persönlichkeit. Doch Werte und Tugenden sind deutlich schwieriger ausfindig zu machen. Werte stehen in Bezug zu Kultur und Tradition und ihre Vorzüge können relativ sein, wohingegen Tugenden universelle, zeitlose Gültigkeit besitzen. Beides wird häufig verwechselt. Es ist nur wichtig zu verstehen, dass sie in unserer moralischen Komponente verwurzelt sind. Sie sind das Gute, das daraus hervorgeht, wie zum Beispiel Ehrlichkeit und Freundlichkeit, Mitgefühl und Mut, Liebe und Großzügigkeit. Es ist wichtig zu verstehen, dass das keine voneinander abgegrenzten Stärken sind. Sie kommen in Gruppen vor. Wo es Dankbarkeit gibt, findet man zum Beispiel auch Freundlichkeit, Höflichkeit, Achtung und Liebe.

Auch Charakterschwächen kommen in Gruppen vor. Sie stehen zu den Werten insofern in Beziehung, als sie ihr extremes Gegenteil darstellen. Ordnung ist das Gegenteil von Unordnung, Großzügigkeit das Gegenteil von Eigennutz, Liebe das Gegenteil von Hass und so weiter. Das Auftreten in Gruppen bedeutet, dass nicht ein einziger Faktor allein Stärke hinzufügen oder wegnehmen kann. Übernehmen wir auf der Basis einer bestimmten Tugend Verantwortung, trainieren wir gleichzeitig auch andere Tugenden, die mit dieser einen in Zusammenhang stehen.

Das Gesetz der Verantwortung

An dem Sprichwort, der Lehrer lerne von seinen Schülern genauso viel wie die Schüler vom Lehrer, ist viel Wahres. Ich hatte eine zweistündige Sitzung mit einem Herrn, der völlig verzweifelt war, weil er, egal wie hart er arbeitete, immer nur soviel Geld zur Verfügung hatte, wie er zum Überleben brauchte. »Wenn Sie mir sagen, was ich falsch mache, werde ich sicher eine Möglichkeit finden, das zu ändern«, sagte er. »Im Moment habe ich keine Ahnung, was an meinem Versagen Schuld ist, aber das geht nun schon seit zehn Jahren so. Ich bin einfach am Ende.«

Die Bezeichnung Herr ist in seinem Fall durchaus angemessen. Er war ein Mann wie aus dem Bilderbuch, aufrichtig, mit guten Manieren und in seinem Beruf zu großem Einsatz bereit. Er besaß eine ausgezeichnete Schulbildung und konnte sich präzise ausdrücken. Außerdem war er groß, gut aussehend und eben wie ein richtiger Herr gekleidet. Und er war ein Versager. Ein eleganter Versager.

Seine Mutlosigkeit stand ihm ins Gesicht geschrieben. Ich fragte ihn, womit er seinen Lebensunterhalt verdiene. »Ich bin Geschäftsmann«, erzählte er mir. »Ich spüre Produkte auf, überprüfe ihre Qualität, entwerfe eine schöne Verpackung und entwickle eine Verkaufsstrategie. Aber egal, was ich anpacke, ich komme nie in die Gewinnzone. Was mache ich falsch?«

Ich bat ihn, einige der Produkte zu beschreiben, die er verkaufte. Allmählich erkannte ich ein Grundmuster. Keines seiner Produkte besaß irgendeinen moralischen Wert für seine Kunden. Sein letztes Projekt war der Vertrieb eines teuren Videospiels. Ich bat ihn, einmal den materiellen Wert seiner Produkte außer Acht zu lassen und ihren moralischen Wert auf einer Skala von eins bis fünf anzugeben, wobei fünf die höchste Wertung sein sollte. Er überlegte eine Weile und sah mich dann erstaunt an.

»Im besten Fall drei«, sagte er.

»Genau das ist Ihr Problem«, antwortete ich. »Ihr Produkt ist teuer und Sie setzen sich optimal dafür ein, aber der Wert dessen, was Sie verkaufen, ist bestenfalls Mittelmaß.« Um ihn ein wenig über diese Erkenntnis hinwegzutrösten, erzählte ich ihm von einer Schneiderin, die ich kannte.

Ihre handwerklichen Fähigkeiten erfüllten Haute-Couture-Anforderungen, sie konnte jedes beliebige Kleidungsstück perfekt nachschneidern und verdiente ihren Lebensunterhalt damit, die Vorgaben ihrer Kunden auszuführen. Ein von ihr angefertigtes Kleidungsstück konnte man drehen und wenden, sooft man wollte, es war außen und innen gleichermaßen perfekt verarbeitet. Daneben entwarf und schneiderte sie immer wieder eigene Modelle, die dieselbe Perfektion hatten, aber keine Käufer fanden. Sie verstand nicht, warum. Es waren die am schönsten gemachten hässlichen Kleider, die ich je gesehen hatte!

Nach diesem ersten Treffen mit dem Geschäftsmann wurde mir ein allgemein gültiges Prinzip klar, das beiden Fällen zu Grunde liegt. Was den Mann betraf, vermutete ich, er würde mehr Gewinn machen, wenn die ethische Qualität der von ihm ausgewählten Artikel dem hohen Niveau seiner engagierten Arbeit entsprechen würde. Und die Modelle der Schneiderin würden sich besser verkaufen, wenn ihr Geschmack und ihre präzise handwerkliche Arbeit in der richtigen Relation stünden. Plötzlich offenbarte sich ganz von selbst, was ich das Gesetz der Verantwortung nenne.

Zwischen der Qualität unserer Entscheidung, die dahinter stehende Motivation miteingeschlossen, und dem Einsatz, den wir bringen, um das gewünschte Ergebnis zu erzielen, muss Übereinstimmung bestehen. Fehlt es in einem dieser Bereiche an Qualität, werden wir das gewünschte Ergebnis nicht erreichen – egal, wie viel Qualität in allen anderen Bereichen vorhanden ist. Das Gesetz der Verantwortung könnte man als eine Formel für klares Denken beschreiben. Ihre Variablen lassen sich auf beinahe jeden Lebensbereich übertragen.

ENTSCHEIDUNG	+ VERANTWORTUNG	= RESULTAT
1. Überzeugung	+ 100 Prozent (voller Einsatz)	= Großer Erfolg
2. Überzeugung	+ 50 Prozent (mittelmäßiger Einsatz)	= Mittelmäßigkeit
3. Bequemlichkeit	+ 100 Prozent (voller Einsatz)	= Mittelmäßigkeit
4. Bequemlichkeit	+ 50 Prozent (mittelmäßiger Einsatz)	= Scheitern

Die erste Variante der Formel ist die einzige Garantie für Erfolg. Wenn alle Elemente Spitzenqualität aufweisen und dennoch nicht zum gewünschten Resultat führen, werden Sie mit allergrößter Wahrscheinlichkeit noch mehr Informationen brauchen, als Ihnen bisher zur Verfügung stehen, und ich empfehle Ihnen dringend eine Unterredung mit jemandem, der in diesem Bereich kompetenter ist als Sie.

Es kann schon genügen, wenn Sie das Problem aus einem anderen Blickwinkel betrachten. Und wenn niemand den richtigen Schlüssel kennt, kann das Prinzip von Versuch und Irrtum zu neuen Erkenntnisse führen. Thomas Edison hat wie viele andere betont, dass bei Erfindungen, Entdeckungen und ›unmöglichen‹ Errungenschaften gerade die Rückschläge dazu beitragen, den Blick für das zu schärfen, was funktionieren kann. Die Fehlversuche werden so zu den Bausteinen eines späteren Erfolgs.

Die zweite, dritte und vierte Variante der Formel dieses Gesetzes der Verantwortung zeigen, dass es grundsätzlich nicht möglich ist, ein Minimum zu bieten und im Gegenzug ein Maximum zu erwarten. Mit minimaler oder gar keiner Verantwortung zu leben, trübt den Blick für realistische Chancen. Wir erkennen nicht – oder gestehen uns nicht aufrichtig ein –, was wir selbst anbieten, und bitten um bessere und mehr Chancen. Und werden vor Aufgaben gestellt, bei denen wir jene Kräfte entwickeln könnten, die wir für unsere Weiterentwicklung brauchen. Doch unsere Widersprüchlichkeit weist diese Möglichkeit zu wachsen zurück.

Die meisten Menschen leben im Wirkungsbereich der zweiten und dritten Variante. Wie sich das Gesetz der Verantwortung hier äußert, lässt sich an zwei folgenden Beispielen zeigen. Das eine stammt aus der Geschäftswelt, das zweite aus einer Beziehung.

Steht an der Spitze einer gesunden Firma mit einem guten Produkt eine unfähige Geschäftsführung, kommt es nicht selten vor, dass ein hervorragender Mitarbeiter ausgenutzt wird. Man schmälert seine Leistung, behandelt ihn schlecht oder nimmt ihm die Freude an der Arbeit. Er wird damit auf Mittelmaß gedrückt, obwohl er in Wirklichkeit leistungsfähig wäre. Die Firma verliert mit diesem Angestellten unweigerlich Geld, weil er nicht seine optimale Leistung erbringt. Ich weiß von Firmen, die sich kreative Mitarbeiter holen und dann jede ihrer Ideen und Projekte anfeinden. Und wenn ein kreativer Mitarbeiter den Kampf gewinnt und sein Projekt mit Lob überhäuft wird, kommt es häufig vor, dass jene, die es ursprünglich verhindern wollten, das Verdienst für sich in Anspruch nehmen. Dieses Muster wiederholt sich immer wieder, bis der Kreative ausgebrannt ist und resigniert kündigt. Dann stellt die Firma den nächsten ein und das Spiel beginnt von vorne.

Oder nehmen wir eine Ehe oder Liebesbeziehung, in der die Beteiligten unter ihrer Verschiedenheit leiden. Der eine trägt die Verantwortung, handelt sowohl im moralischen wie auch im mentalen Bereich aus Überzeugung und trägt für jeden Aspekt der Beziehung Sorge. Der andere ist vielleicht im Beruf erfolgreich, in vielen anderen Bereichen aber fehlt es ihm an Aufmerksamkeit. Gemäß dem Gesetz der Verantwortung kann eine Person allein nicht Harmonie für beide erzeugen – im besten Fall wird daraus eine mittelmäßige Beziehung. Personen, die in schwierigen Beziehungen stecken, fragen mich oft, ob ein Mensch sich ändern kann. Die Antwort lautet: ja, aber nur der, der wachsen will.

Von Liebe, Naivität, Wunschdenken, Vorspiegelung falscher Tatsachen oder fehlerhafter Selbsteinschätzung geblendet, treffen viele Menschen falsche Entscheidungen. Eine herausragende Persönlichkeit, die mit einem mittelmäßigen Partner verheiratet ist, kann bestenfalls auf eine mittelmäßige Ehe hoffen – es sei denn, der andere ist bereit, selbst mehr Verantwortung für die Beziehung zu übernehmen. Der mittelmäßige Partner wehrt sich aber in der Regel gegen jegliche Veränderung, will den anderen unter Kontrolle halten und alles in seiner Macht Stehende unternehmen, damit dieser sich nicht kontinuierlich weiterentwickelt.

Angela war eine ehrgeizige Karrierefrau, als sie einen zu ihr passenden Mann kennen lernte und heiratete, der auch ihre Ambitionen akzeptierte. Charles betete sie an. Angela war glücklich. Sie schmiedeten Pläne für ihr Leben und waren sich über die wichtigsten Punkte einig: Sie wollten sofort eine Familie gründen, zwei Kinder bekommen, eventuell noch ein drittes, wenn nicht schon beide Geschlechter vertreten waren, und wenn das letzte Kind in die Schule kam, würde Angela wieder in ihren Beruf einsteigen.

Alles entwickelte sich genau nach Plan. Charles gründete

eine eigene Firma, sie kauften ein Haus und kümmerten sich voll und ganz um ihre beiden Kinder, einen Jungen und ein Mädchen, bis diese eingeschult wurden. Inzwischen konnten sie sich zwei Autos und eine Teilzeitkraft für den Haushalt leisten. Angela traf alle Vorbereitungen, um in ihren Beruf zurückzukehren. Doch nun wurde es kompliziert.

Charles war wütend. Er wollte nicht, dass seine Frau wieder arbeitete. Nachdem sie ein Jahr lang darüber diskutiert hatten, einigten sie sich auf einen Kompromiss. Angela würde als freie Mitarbeiterin auf Teilzeitbasis von zu Hause aus arbeiten.

Angela schrieb gute Anzeigentexte, zeigte viel Engagement, und trotz der Einschränkungen lief es beruflich hervorragend für sie. Charles fing an, ihre Arbeit zu sabotieren, machte ihre Leistungen nieder und schreckte auch nicht davor zurück, ihre Fähigkeiten vor Kunden herabzuwürdigen. Im Lauf der Zeit fing er an, boshafte Bemerkungen über sie fallen zu lassen, fiel ihr vor Freunden ins Wort und erzählte alle Geschichten, die sie begann, zu Ende. Angela versuchte mit den üblichen Mitteln, ihre Ehe zu retten. Charles versprach, sein Teil beizutragen, hörte aber nicht auf, sie zu demütigen. Nach wie vor forderte er, sie solle ihren Beruf aufgeben und sich ganz ihrer Rolle als Ehefrau, Mutter und Hausfrau widmen. Angela wollte das nicht, doch die emotionale Belastung war für sie mittlerweile so stark, dass ihr der Spaß an der Arbeit schon fast vergangen war.

Als die Kinder groß genug waren, bat Angela um die Scheidung. Charles war am Boden zerstört. Er sagte, er liebe sie und sei glücklich. Sie verstand nicht, wie er glücklich sein und sie gleichzeitig so unglücklich machen konnte. Jahre nach ihrer Scheidung fragte ihn Angela, warum er sie nicht arbeiten lassen wollte, wo er sie doch anfangs so sehr in ihren Ambitionen unterstützt hatte. »Ich hatte Angst«, antwortete er, »du würdest mich verlassen, wenn du erfolgreich bist.«

»Und warum hast du mich so gedemütigt?«, wollte sie wissen.

»Das habe ich nicht so gemeint«, sagte er, »ich wollte nur besser dastehen als du, und in deiner Gegenwart gelang mir das nicht.«

Wenn aus Tugenden Schwächen werden

Es ist viel einfacher, Verantwortung für das mentale Vehikel zu übernehmen, weil dieser Bereich sichtbar und greifbar ist. Jeder von uns kann das, was er macht, besser machen und für das, was er hat, Sorge tragen. Der nächste Schritt ist immer offensichtlich. Anders verhält es sich mit unserem moralischen Vehikel, denn Tugenden sind nicht konkret fassbar. Die meisten von uns betrachten Tugenden als etwas Selbstverständliches und nicht als besondere Gabe. Um sie weiter zu entwickeln, müssen wir sie trainieren.

Das Gesetz der Verantwortung ist am schwierigsten auf uns selbst anzuwenden. Wenn wir uns von anderen manipulieren lassen, etwas zu geben, was wir nicht geben wollen, verhalten wir uns verantwortungslos gegenüber uns selbst. Es ist absolut akzeptabel, Geld, Zeit, Arbeit und sogar Liebe *nicht* herzugeben, wenn man seine Entscheidung auf freundliche Art mitteilt. Man ist nicht verpflichtet, seine Überzeugung zu verteidigen.

»Ich bin großzügig, aber die Leute nutzen das aus«, hört man oft. Doch Großzügigkeit ist eine absolute Tugend und stellt eine große Macht dar, die man nicht ausbeuten kann. Was ausgenutzt wird, ist unsere Schwäche. Wenn Großzügigkeit zu einer Schwäche wird, laufen wir Gefahr, ausgebeutet zu werden.

Wenn unsere Tugenden zu Schwächen verfallen, verlieren sie ihren Namen. Bewunderung, Zuneigung, Treue, Freundschaft, Vertrauen und Liebe sind allesamt hart erkämpft. Sie verantwortungslos weiterzugeben, mindert ihren Wert. Das passiert, wenn wir von falschen Erwartungen oder einem Wunschdenken ausgehen. Wenn wir das sehen, was wir gerne sehen wollen. Damit setzen wir uns Enttäuschungen, Erniedrigungen und Betrug aus. Wenn wir uns als Opfer betrachten, lehnen wir damit die Verantwortung für uns selbst ab. Die anderen behandeln uns so, wie wir es ihnen erlauben.

Die folgende Tabelle zeigt Werte, die wir zu oft erniedrigen und die dadurch zu Schwächen werden.

TUGEND *»Ich bin zu …«*	SCHWÄCHE *»Andere nutzen mich aus, weil …«*
ehrlich	ich zu viele intime Informationen preisgebe. ich ungefragt meine Meinung äußere.
großzügig	man mich leicht dazu bringen kann, mehr zu geben, als mir lieb ist. ich gebe, um im Gegenzug etwas zu bekommen.
gastfreundlich	ich mich nicht wehre, wenn andere sich aufdrängen. ich zulasse, dass man bei mir alles für selbstverständlich hält.
freundlich	ich mich so sehr bemühe, bei anderen einen guten Eindruck zu hinterlassen, dass man mich nicht beachtet. ich meine Freundschaft gebe, bevor sie jemand verdient hat. ich schnell vertraulich mit anderen umgehe.
vertrauensselig	ich Vertrauen schenke, ehe es verdient ist. ich von allen erwarte, dass sie mir vertrauen.
nett	ich mich von anderen ärgern lasse. ich vorgebe, nicht verletzt zu sein.

Ein verantwortungsloser Umgang mit unserem moralischen Vehikel zieht Raubtiere an, die unsere Schwächen ausnutzen. Der Grund ist nahe liegend: Raubtiere müssen so handeln. Unser bester Schutzmechanismus heißt Verantwortung – Verantwortung für das, was wir geben.

Mit einem Minimum an Verantwortung leben

Eines Abends rief mich eine Bekannte, die in einer anderen Stadt lebt, vom Flughafen aus an. Susan sagte, sie habe geschäftlich in Los Angeles zu tun und ihre Freundin, die sie abholen und bei sich unterbringen wollte, sei spurlos verschwunden. Ich bot Susan an, bei mir zu wohnen, bis die Freundin wieder auftauchte, sagte aber auch klar und deutlich, dass ich ihr weder Zeit noch Fahrdienste anbieten könne.

»Kein Problem«, antwortete sie.

Am nächsten Morgen bat mich Susan, sie zu ihrem ersten Termin zu fahren. Ich sagte nein. Daraufhin wollte sie mein Auto ausleihen. Ich sagte, ich bräuchte es selbst. Susan führte einige Telefonate, trieb jemanden mit Auto und freier Zeit auf und machte sogar die Freundin ausfindig, die Susan nicht mehr bei sich wohnen lassen wollte. Susan fragte, ob sie noch eine Woche bei mir bleiben könne. Ich bejahte und wiederholte mein ursprüngliches Angebot: meine Gastfreundschaft würde weder Zeit noch Fahrdienste beinhalten.

»Kein Problem«, war Susans Antwort.

Bis zum Abend dieses ersten Tages hatte Susan bereits alle meine Schubladen und Schränke durchstöbert. Sie wusste, was wo zu finden war und bediente sich auch persönlicher Dinge. Aus einer Woche wurden schließlich drei. Susan liebte es, stundenlang in der heißen Badewanne zu liegen, und es kümmerte sie kein bisschen, dass meine Schüler oder Freunde vielleicht auch einmal die einzige Toilette der Wohnung benutzen wollten. Einmal sah ich, wie sie gerade las, was ich an diesem Tag in meinen Computer geschrieben hatte. Ich beobachtete sie mehrere Minuten lang, und als sie fertig war, fragte ich sie nach ihrer Meinung. Ein bisschen Taktgefühl muss ich ihr im Nachhinein doch zugestehen, denn obwohl sie glatt leugnete, etwas gelesen zu haben, wurde sie rot im Gesicht.

Susans rücksichtsloses Auftreten war das direkte Resultat ihrer Verantwortungslosigkeit. Verantwortungslose Menschen handeln von Natur aus eigennützig. Und auch ich verhielt mich verantwortungslos gegenüber meinen Dingen, die ich den Übergriffen eines ungehobelten Gastes überließ. Als Susans letzter Tag endlich da war, machte ich vor Freude fast einen Luftsprung.

Susan hatte an diesem Tag noch mehrere Termine, zwei davon am anderen Ende der Stadt, einen ganz in der Nähe. Sie bat mich, sie zu allen drei Terminen und dann zum Flughafen zu fahren. Das hätte mich sechs Stunden meiner Arbeitszeit gekostet, also sagte ich nein. Woraufhin Susan die ersten beiden Termine absagte und versuchen wollte, von ihrem dritten Termin mit dem Bus zum Flughafen zu fahren. Aber sie konnte kein Taxi auftreiben, das sie rechtzeitig zu diesem Termin gebracht hätte. Wenn ich sie dort absetzen und gleich wieder nach Hause fahren würde, hätte ich noch

Zeit, mich auf eine Konferenz vorzubereiten, die in eineinhalb Stunden beginnen würde.

Wir brauchten 20 Minuten bis zum Bürogebäude plus die Zeit, um einmal um den Block zu fahren, bis Susan den richtigen Eingang gefunden hatte. Während sie in das Gebäude lief, begann ich, ihr Gepäck auf den Gehsteig zu laden. Sie kam auf einen Sprung zurück, um mir mitzuteilen, dass es nur zehn Minuten dauern würde. Ich sollte solange warten und sie dann mit ihrem Gepäck wieder um den Block chauffieren, wo der Bus abfahren würde. »So machen wir das bestimmt nicht«, erwiderte ich und lud ihre restlichen Sachen aus.

»Ich kenne deinen Terminplan!«, gab Susan mit schriller Stimme zurück. »Du hast genug Zeit, um auf mich zu warten und dort rüberzufahren. Und wirst immer noch rechtzeitig zu deiner Sitzung kommen.«

Anschreien kam bei uns zu Hause nie vor, ich habe für diesen Fall einen automatischen Schalter eingebaut. »Sprich nicht so laut mit mir«, sagte ich. Doch Susans Stimme kletterte etwa zwei Oktaven höher, und sie begann auf mich einzubrüllen. Ich sagte Susan, dass sie undankbar sei, und ließ sie auf dem Gehsteig stehen, wo sie meinem entschwindenden Wagen hinterherschrie.

Als ich zu Hause war, rief sie mich vom Flughafen aus an, um mir sehr ruhig mitzuteilen, dass sie Recht gehabt habe. Der Termin habe tatsächlich nur zehn Minuten gedauert, ich hätte leicht auf sie warten und sie zusammen mit ihrem Gepäck zum Bus fahren können. Ich wollte etwas erwidern, doch da ihre Schreie mir das Wort abschnitten, legte ich auf.

Nach ihrer Landung rief sie wieder an und brüllte ins Telefon: »Du solltest doch wissen, wie man sich benimmt! Wie kannst du nur mitten im Gespräch aufhängen! Was glaubst du eigentlich, wer du bist?«

»Ich glaube nicht, dass ich wirklich *weiß*, wer ich bin«, erwiderte ich.

»Leg ja nicht wieder mitten im Gespräch auf!«

»Es ist nicht besonders intelligent, Beleidigungen und Angriffe über sich ergehen zu lassen«, sagte ich, »und Intelligenz ist die Voraussetzung für gute Manieren.« Klick. Es folgten noch mehrere Anrufe. Auf meinem Anrufbeantworter war eine Reihe gebrüllter Ansagen, die ich nicht zu Ende hörte. Aber ich schrieb Susan einen Brief, in dem ich ihr erklärte, ich könne keine Freundschaft pflegen, in der ich um jedes einzelne meiner persönlichen Rechte kämpfen müsse und würde mich deshalb von ihr distanzieren. Das letzte Lebenszeichen, das mich von Susan erreichte, war wieder eine Nachricht auf meinem Anrufbeantworter: »Es ist schwierig, mit dir befreundet zu sein«.

Ich hatte die Tugend der Gastfreundschaft unter Beweis gestellt, indem ich Susan zu mir eingeladen hatte. Doch es war Schwäche, ihre Übergriffe so lange zu ignorieren, bis sie schließlich glaubte, sie habe ein Recht dazu. Man muss nicht unmittelbar im Moment des Übergriffs protestieren, doch man tut auch der anderen Seite keinen Gefallen, wenn man es ganz unterlässt. Ich war im Nachteil, weil ich nicht wusste, dass sie drei Wochen bleiben würde. Aber unabhängig davon hätte ich bereits nach dem ersten Vorfall reagieren müssen. Susan hatte mich sicher nicht persönlich verletzen wollen. Sie hatte einfach ihr gewohntes Verhalten an den Tag gelegt, und ich hatte das Recht gehabt, mich dagegen zu wehren und meine Position klarzustellen. Die meisten Menschen verhalten sich anderen gegenüber nicht aus Bösartigkeit unkorrekt, sondern aus Unwissenheit und mangelnder Sensibilität. Aber wir haben das Recht, uns aus solchen Situationen zurückzuziehen.

Die Erkenntnis, dass jede Handlung eine Reaktion auslöst, ist eine wertvolle Tatsache. Unsere Entscheidungen führen zu ganz bestimmten vorhersehbaren Konsequenzen, ob positiver oder negativer Art. Wir können also für die Reaktionen, die wir auslösen, die Verantwortung übernehmen. Entspricht die Reaktion nicht unseren Erwartungen, haben wir das Recht nachzufragen, ob wir irgendetwas gesagt oder getan haben, das eine solche Erwiderung verdient. Liegt die Schuld nicht bei uns, wird die betreffende Person in der Regel einen Rückzieher machen und sich entschuldigen. Liegt die Schuld bei uns, müssen wir bereit sein, uns über den von uns angerichteten Schaden aufklären zu lassen und ihn zu beheben. Berechtigte Kritik hilft uns, unsere Pläne und Vorstellungen zu verbessern. Destruktive Kritik hingegen ist völlig wertlos.

Es gibt böswillige Menschen, die ihre niederträchtigen Angriffe gegen Personen richten, die diese nicht verdient haben. Wenn jemand mit Wut auf Sie reagiert, ziehen Sie sich besser zurück. Wut ist zutiefst emotional, unvernünftig, nicht kontrollierbar und gefährlich. Wütende Menschen haben kein Interesse, die Situation zu bereinigen, sondern wollen bloß ihrem Zorn freie Bahn lassen.

Was uns zu etwas Besonderem macht, ist die Erfüllung unserer Aufgabe und die Bereitschaft, für andere da zu sein. Wir werden an der Qualität unserer Dienste gemessen und an der Art und Weise, wie wir mit unseren Beziehungen umgehen. Wir sind selbst für unser Potenzial verantwortlich und können es nur dann voll ausschöpfen, wenn wir Arbeit und Engagement einbringen und ganz wir selbst sind. Wir können nicht alles verbessern, doch wir sind immer in der Lage, irgendetwas in unserer Gedankenwelt und unserem Handeln zu verbessern.

Es ist viel einfacher, mit den Folgen unseres Handelns zu leben, wenn wir vorher die Verantwortung dafür übernommen haben. Mit den Folgen unverantwortlichen Handelns zurechtzukommen, wird immer schwieriger und deprimierender sein. Wenn wir für das, was wir tun und wer wir sind, die Verantwortung übernehmen, passiert etwas Wunderbares.

Wir verändern uns.

Wir beginnen zu leuchten.

Der Wunsch nach vollem Glück wird nie nachlassen. Im

letzten Lebensabschnitt machen wir alle eine Inventur unseres Lebens. Lassen Sie nicht zu, dass diese Inventur Wut und Bitterkeit über die ungenutzten Chancen enthält, sondern Frieden, weil Sie in Ihrem Leben Verantwortung übernommen haben.

Halten Sie einen Augenblick inne und überlegen Sie, was Verantwortung in Ihrer Familie bedeutet, in Ihren Beziehungen, Ihrer Arbeit, für Ihre Gesundheit und Ihre seelische Entwicklung. Wie tragen Sie Sorge für die, die sie lieben oder zu lieben behaupten? Wie zeigen Sie Menschen, von denen Sie Unterstützung erfahren haben, dass Sie dies zu schätzen wissen? Erkennen Sie deren Werte und fühlen Sie sich ihnen verpflichtet? Tragen Sie Sorge für jene, von denen Sie Unterstützung erfahren, indem Sie ihnen danken, oder ärgern Sie sich insgeheim darüber?

1. Verwenden Sie täglich noch etwas mehr Mühe auf Ihr Fünf-Schritte-Programm.
2. Äußern Sie Anerkennung, auch wenn sie Ihnen selbst gilt.
3. Sprechen Sie über die Werte anderer, wenn sich die Gelegenheit dazu ergibt.

KAPITEL 5

Welchen Eindruck hinterlassen Sie?

Ein authentischer Eindruck • Nicht zu unterschätzen: ein angenehmer Ausdruck • Jede Begegnung zählt • Wie man schnell in Vergessenheit gerät • Bei jeder Entscheidung gibt es auch eine Ablehnung • Was macht Sie interessant? • Die Bürde einer falschen Fassade • Ein falsches Image birgt Gefahren • Einen bleibenden Eindruck hinterlassen • Wir sind, was wir tun • Ein besseres Image vermitteln

Wir wollen alle einen guten Eindruck hinterlassen. Wer in jeder Hinsicht virtuos sein will, sollte sich damit jedoch nicht zufrieden geben, sondern einen bleibenden und wunderbaren Eindruck hinterlassen wollen. Nicht unserem eigenen Ego zuliebe, sondern weil wir dadurch etwas bewirken und andere motivieren können.

Der Eindruck, den wir machen, entscheidet darüber, ob man uns ablehnt, ignoriert oder, schlimmer noch, bloß toleriert. Toleriert zu werden ist Duldung und demütigend. Und wir spüren es. Es bedeutet: »Wir wissen, dass du da bist. Wir hätten dich lieber nicht hier, aber wir finden uns eben damit ab.« Ebenso deutlich spüren wir auch, wenn wir gerne gesehen und bewundert werden und sich viele neue Türen für uns öffnen. Fallen Türen vor uns ins Schloss, ist das ein deutliches Zeichen der Ablehnung.

Von den Türen, die sich uns nicht geöffnet haben, weil man uns nicht sympathisch fand oder einfach nicht bemerkt hat, erfahren wir so gut wie nie etwas. Wenn wir einen sehr schwachen oder gar keinen Eindruck hinterlassen, werden wir von den Menschen um uns herum weder gemieden noch in die Arme geschlossen – sie sehen einfach über uns hinweg. Man erkennt in uns nicht die bewährte Mitarbeiterin, die längst befördert werden sollte, oder den großartigen Lebenspartner, der ein nicht minder brillantes Pendant verdient. Wir geraten sofort wieder in Vergessenheit.

Ein bleibender Eindruck entsteht durch einen starken Charakter und das Strahlen innerer Schönheit. Stärke ist der Ausdruck von Disziplin und Erfolg, die innere Schönheit ein Abbild unseres moralischen Vehikels. Es kann aber sein, dass wir unserem moralischen und mentalen Vehikel größte Verantwortung entgegenbringen und trotzdem keine virtuose Erscheinung abgeben. Das passiert dann, wenn wir uns selbst nicht gut genug kennen, wenn wir einen verminderten Begriff von dem haben, wer wir sind. Ein hervorragendes mentales Vehikel wird durch ein armseliges moralisches heruntergezogen werden. So kann zum Beispiel ein erfolgreicher Geschäftsmann schlechte Manieren und ein ungehobeltes Auftreten haben.

Um einen virtuosen Eindruck zu erzielen, müssen sich moralisches und mentales Vehikel auf gleicher Höhe befinden. Folgende vier Verhaltensregeln sind zu beachten:

- Seien Sie authentisch und natürlich.
- Seien Sie anderen gegenüber aufgeschlossen, legen Sie alle Vorurteile und Erwartungen ab.
- Zeigen Sie durch Ihr Verhalten Respekt und kleiden Sie sich dem Anlass angemessen.
- Bringen Sie anderen hundertprozentige Aufmerksamkeit entgegen.

Ein authentischer Eindruck

Wenn wir an Menschen denken, die bei uns einen wunderbaren und unvergesslichen Eindruck hinterlassen haben, werden wir feststellen, dass es ihre Gesamterscheinung war, die auf uns gewirkt hat: ihre Art sich zu bewegen, ihr höflicher Umgang, Gesprächsthemen, Wortwahl, ja sogar die Klangfarbe ihrer Stimme. Alles, was sie sagten oder taten, war etwas Besonderes. Aber am erstaunlichsten war vermutlich, wie wohl sie sich offensichtlich in ihrer Haut fühlten. Das ist Authentizität.

Man könnte eine authentische Person auch als natürlich bezeichnen, doch dieses Wort könnte zu Missverständnissen führen, weil es auch für normal oder einfach stehen kann. Doch stark, aufrichtig, ungekünstelt und freundlich zu sein, ist vielmehr außergewöhnlich. Jeder Mensch kann sich zu einer natürlichen Persönlichkeit entwickeln, aber nicht ohne Einsatz und Durchhaltevermögen.

Meine Freundin Alice ist Unternehmensberaterin und wird häufig von Wirtschaftsorganisationen zu Vorträgen eingeladen. Ich durfte sie einmal begleiten, als sie als Gastrednerin vor einem Frauen-Netzwerk sprechen sollte. Während wir warteten, bis Alice vorgestellt wurde, verfolgten wir den Verlauf der Versammlung. Die Respektlosigkeit, mit der die Vorsitzende behandelt wurde, war schockierend. Eine geschlagene halbe Stunde lang bat sie die Anwesenden alle paar Minuten um Ruhe. Ich flüsterte Alice zu: »Was wirst du machen?« Sie sagte ganz gelassen, wenn es bei ihr genauso wäre, würde sie die 150 Frauen auffordern, per Handzeichen anzuzeigen, wer keine Lust zum Zuhören habe. Diese würde sie dann bitten, den Saal zu verlassen. Falls niemand bleiben wolle, würde sie sich nicht aufdrängen und die Versammlung verlassen.

Endlich stellte die Vorsitzende vor unverändertem Lärmpegel hastig die Gastrednerin vor und trat mit dem Ausdruck größter Erleichterung zur Seite. Alice stand auf und ging aufrecht und mit festen Schritten auf das Rednerpult zu. Als sie es erreichte, herrschte bereits Schweigen. Alice blickte freundlich ins Publikum und begann ihren 45-minütigen Vortrag. Der ganze Saal folgte ihr aufmerksam.

Als sie fertig war, wurde sie von Frauen umringt, die sie mit Fragen und Komplimenten überhäuften. Da ich wissen wollte, warum Alice so völlig anders behandelt wurde als die Vorsitzende, fragte ich eine Gruppe Frauen, was ihnen an Alices Vortrag so gefallen habe. Ihre würdevolle Haltung, war die einhellige Meinung. Einige bemerkten, Alice sei so gut angezogen, andere meinten, es sei unhöflich, einem Gast kein Interesse zu zeigen. Letzteres bestätigt wieder einmal die merkwürdige Tatsache, dass wir Fremden häufig mehr Aufmerksamkeit entgegenbringen als Menschen, in die wir schon viel investiert haben. Alice wurde mit Worten wie »klasse Frau«, »zupackend«, »freundlich«, »anziehend« und »angenehme Erscheinung« beschrieben. Alle Befragten waren sich einig, dass sie schon vor ihren ersten Worten von ihr beeindruckt waren.

Alice ist jemand, der von Natur aus ruhig wirkt. Das ist auch in Krisensituationen so, weil sie lange daran gearbeitet hat, jederzeit Ruhe bewahren zu können. Sie zeigt eine natürliche Art von Respekt, weil sie sich angewöhnt hat, sich selbst und anderen Aufmerksamkeit entgegenzubringen – egal, ob sie ihr sympathisch sind oder nicht. Ihre würdevolle und aufrechte Haltung war ihr nicht angeboren, sondern ist das Resultat einer kontinuierlichen Weiterentwicklung. Ihre freundliche Ausstrahlung ist das natürliche Resultat ihrer Authentizität.

Nicht zu unterschätzen: ein angenehmer Ausdruck

Für unseren Ausdruck sind nicht nur unsere Gesichtszüge ausschlaggebend. Wir drücken uns auch durch Körpersprache aus, durch Bemerkungen, Ideen, Klangfarbe der Stimme, Vokabular, Manieren, Mitgefühl und so weiter. Der Ausdruck in unserem Gesicht gibt Auskunft darüber, was für ein Bild wir von uns selbst haben. Die Reaktionen, die wir erhalten, entsprechen dem, wer und was wir wirklich sind. Dazu können Achtung, Ehrfurcht, Begeisterung, Interesse, Höflichkeit und Anerkennung auf der positiven Seite zählen, Neid, Vorbehalte und Ablehnung auf der negativen. Seien Sie authentisch, aufgeschlossen, interessiert und höflich. Rücksichtsvolles und respektvolles Auftreten inspiriert auch Ihr Gegenüber zur gleichen Höflichkeit.

Wenn wir unsere Probleme als unüberwindbar empfinden, führt das zu Niedergeschlagenheit, Angst, Wut und Frustration. Wer es zu Virtuosität bringen will, muss Probleme als Herausforderungen betrachten. Dann strahlt er auch die Entschiedenheit aus, mit der er sie überwinden wird. Wer sich auf das konzentriert, was er nicht ist oder nicht hat, strahlt hingegen Unzufriedenheit und Undankbarkeit aus. Glücklich oder deprimiert – unsere Ausstrahlung entspricht unserer momentanen Denkweise.

Vielleicht kann nicht jeder den Ausdruck in unserem Gesicht mit Worten beschreiben, aber er wird ihn intuitiv zur Kenntnis nehmen und mit Anziehung, Ablehnung oder Gleichgültigkeit reagieren.

Jede Begegnung zählt

Ein altes Sprichwort sagt, der erste Eindruck sei der bleibendste. Damit ist jedoch nicht gesagt, dass er auch der wichtigste ist. Wie wir bereits festgestellt haben, ist alles wichtig, was mit unserem Sein und Handeln in Zusammenhang steht. Jede noch so winzige Handlung offenbart unsere Denkweise. Verschaffen wir uns mit dem ersten Eindruck Respekt, müssen wir ihn uns immer wieder neu verschaffen, damit er nicht in Respektlosigkeit umschlägt. Heißt unser Ziel Virtuosität, ist jeder Eindruck, den wir hinterlassen, ein erster Eindruck.

Eines Tages besuchte mich eine lebhafte und ausgesprochen attraktive junge Frau namens Erica, um sich über meine Kurse zu informieren. Sie erzählte voller Enthusiasmus von sich und hatte allem Anschein nach jede Menge Energie, die mir in dieser Geballtheit allerdings etwas unnatürlich vorkam. Ich fragte sie, was sie sich von unserer gemeinsamen Arbeit erwarte, worauf sie mich mit leeren Augen anstarrte. Meine Frage nach längeren Beziehungen verneinte sie. Das bestätigte meinen Eindruck. Es hätte mich überrascht, wenn sie länger als drei Monate mit jemandem zusammen gewesen wäre. Im weiteren Gespräch gab sie zu, dass ich richtig geraten hatte.

Erica fiel es leicht, beim ersten Mal gewaltigen Eindruck zu machen. Es war ihr aber unmöglich, ihn auf Dauer aufrechtzuerhalten. Einerseits war sie immer unglaublich glücklich, wenn sie Freunde hatte, und wollte ihnen ständig Gutes tun. Andererseits sah sie in ihnen immer auch Konkurrenten und saugte sie mit ihrem permanenten Bedürfnis nach Aufmerksamkeit aus. War sie zwischendurch einmal entspannt, machten sich alle Sorgen, es könne ihr nicht gut gehen. Da sie sich nicht die Freiheit nehmen konnte, sie selbst zu sein, musste sie sich zwangsläufig den nächsten Bekanntenkreis suchen, immer in der Hoffnung, nun würde ein neues Leben für sie beginnen. Doch dann lief alles wieder nach dem gewohnten Verhaltensmuster ab. Sie sehnte sich danach, aus diesem Kreislauf auszubrechen, aber in ihrem Verhaltensrepertoire gab es keine Alternative.

Ständig Konkurrenz zu wittern, ist nicht nur die Folge von Unsicherheit, sondern hat auch mit Neid zu tun. Obwohl Erica sehr attraktiv war, beneidete sie andere Mädchen, die mit sich zufrieden waren. »Das ist es, was ich loswerden will, den Neid«, gab sie freimütig zu, nachdem ich sie darauf angesprochen hatte. »Ich hatte Angst, dass Sie das nicht erkennen würden. Ich hätte nicht den Mut gehabt, darüber zu sprechen. Genau das ist mein großes Problem.« Ich sagte ihr, dass ich ihre Ehrlichkeit bewundere und ihr Problem einfach zu lösen sei.

Die behutsame und natürliche Art, die sich Erica nun zu Eigen machte, war weitaus interessanter als alles, was sie in der Vergangenheit vorgetäuscht hatte. Damals hatte sie eine Maske getragen, hinter der sie ihre Unsicherheit für kurze Zeit verbergen konnte, auf längere Sicht aber offenbarte, dass ihre Attraktivität nicht echt war. Die gekünstelten Energieausbrüche, die Oberflächlichkeit und das Nichtssagende ihrer Person gehörten der Vergangenheit an. Indem sie einfach sie selbst war, erreichte sie, dass andere sie gut behandeln wollten und sich die Zeit nahmen, sie näher kennen zu lernen.

Erica lernte dabei auch, dass das Leben ein ständiges Kaufen und Verkaufen ist. Wir kaufen mit unserem Selbstwert. Mit dem Eindruck, den wir hinterlassen, legen wir unseren Wert fest. Wenn wir diesen Wert fehlerhaft präsentieren, indem wir uns besser oder schlechter verkaufen, als wir tatsächlich sind, schaffen wir falsche Voraussetzungen. Verkaufen wir uns zu gut und können die Erwartungen nicht erfüllen, büßen wir unsere Energie ein und fühlen uns bloßgestellt. Verkaufen wir uns zu schlecht, leiden wir darunter, unsere Fähigkeiten nicht einsetzen zu können und Chancen zu verpassen.

Wir bekommen selten eine zweite Chance, einen schwachen ersten Eindruck auszulöschen. Ein negativer Eindruck kann uns auch andere Chancen verpatzen. Wenn den Leuten gefällt, was sie sehen, erzählen sie es zehn anderen weiter. Wenn es ihnen nicht gefällt, erzählen sie es 20 anderen, die es ebenfalls weitererzählen, bis Hunderte davon wissen.

Wie man schnell in Vergessenheit gerät

Wenn wir nicht stark und positiv sind, gelingt uns keine Kontaktaufnahme. Mit einem schwachen Auftritt treten wir niemandem zu nahe, er lässt uns aber auch schnell in Vergessenheit geraten.

Ein anschauliches Beispiel dafür ist Kelly, eine ungewöhnlich hübsche junge Frau, die zu mir kam, weil ihr Freund, der damals einen meiner Kurse besuchte, die Beziehung mit ihr abrupt beendet hatte. Ich lege meinen Schülern zwar immer nahe, mit Entscheidungen über Partnerschaften zu warten, bis mein dreimonatiger Kurs beendet ist und sie mehr über sich selbst wissen. Doch es kommt immer wieder vor, dass Teilnehmer Beziehungen beenden und es mir verschweigen. In diesem Fall erfuhr ich es von Kelly. Sie behauptete, sehr unglücklich zu sein, doch in ihrem Verhalten wies nichts darauf hin, dass sie sich besonders aufregte. Sie wollte wissen, ob ihn etwas im Kurs dazu gebracht haben könnte, mit ihr Schluss zu machen. Ich versicherte ihr, dass ich keinerlei Ratschläge erteile oder den Leuten sage, was sie zu tun haben. Ich bringe ihnen bloß klares Denken bei. Aber ich bot Kelly an, ihr in einer Gratisstunde das Handwerkszeug zu vermitteln, mit dem sie an ihren schwachen Bereichen arbeiten könnte.

»Sie können mir nicht helfen«, sagte sie mit ausdrucksloser Stimme, »denn ich mache bereits alles so, wie Sie es vorschlagen. Ich arbeite in einer sehr erfolgreichen Anwaltskanzlei, habe eine verantwortungsvolle Position, und alles läuft ziemlich gut. Ich will nicht angeben, aber ich bin immer modisch gekleidet, fahre einen Sportwagen, wohne in einer guten Gegend und bin für alles dankbar.«

Durch harte Arbeit und großes Engagement hatte Kelly viel erreicht, was durchaus Respekt verdient. Als sie weitererzählte, wurde auch deutlich, dass sie selbst die Qualität ihres mentalen Vehikels erkannte und zu schätzen wusste. Doch trotz ihres finanziellen Erfolgs, der vielen Diplome und ihres attraktiven Äußeren wirkte sie langweilig. Auf meine Frage, welchen Eindruck sie im Allgemeinen auf andere mache, antwortete sie ganz sachlich: »Keinen. Ich bin die Person, die alle schon wieder vergessen haben, sobald sie den Raum verlässt.«

Ehrlichkeit wirkt auf mich immer entwaffnend. Kelly war der Prototyp einer erfolgreichen Person, die sich ihres intellektuellen Wertes bewusst ist, aber keinen Sinn für ihre persönlichen Werte hat und diese viel geringer einschätzt, als sie tatsächlich sind. Wenn wir unser Ich nicht weiterentwickeln, kommt es zwangsläufig zur Stagnation – egal, wie groß unser Wissen ist oder wie effizient wir handeln.

»Ich kann Ihnen helfen«, sagte ich zu ihr. »Sie haben Ihr mentales Vehikel, Ihre Arbeit und Ihre Leistungen, auf ein sehr hohes Niveau gebracht. Aber Ihr moralisches Vehikel, den innersten Kern Ihrer Person, haben Sie vernachlässigt. Wenn Sie in Ihrem persönlichen Bereich keine besseren Entscheidungen treffen, wird das auch Ihre Karriere bremsen. Sie hinterlassen keinen Eindruck, weil Sie keine Energie ausstrahlen. Ihre Persönlichkeit ist langweilig, aber nicht, weil Sie selbst langweilig sind – sondern weil keine Würde von Ihnen ausgeht. Vermutlich gehen Sie dauernd Kompromisse ein, um bei anderen anzukommen. Aber davor hat niemand Respekt, und Sie entfremden sich genau den Menschen, denen Sie näherkommen möchten.«

Kelly gab mir Recht. Sie hatte es bis jetzt nur nicht in Worte fassen können.

Kelly hatte ihre Werte als selbstverständlich hingenommen, weil sie sich nicht wirklich erkannte. Sobald sie verstanden hatte, was wir im vorhergehenden Kapitel besprochen haben, fing sie an, mit ihren Werten verantwortungsvoll umzugehen. Sie wurde nicht mehr ausgenutzt, sondern erhielt den gleichen Respekt, den sie anderen entgegenbrachte. Was wiederum dazu führte, dass sie plötzlich beachtet wurde. Es fiel ihr nun auch sofort auf, wenn sie jemand über Gebühr in Anspruch nehmen wollte, und sie ließ die Leute wissen, wann sie sich ihr gegenüber unangemessen verhielten. Die meisten entschuldigten sich dann und machten einen Rückzieher, andere dagegen warfen ihr vor, zu empfindlich zu sein. Schon nach kurzer Zeit kam eine freie, strahlende und warme Persönlichkeit zum Vorschein. Ihre beruflichen Leistungen wurden noch besser, je mehr sie ihren persönlichen Wert erkannte. Als moralisches und mentales Vehikel auf gleicher Höhe waren, gewann jeder Bereich ihres Lebens mehr Qualität. Ich war davon überzeugt, dass sich ihr bald viele neue Chancen bieten würden.

Ein paar Jahre später sah ich in einem Restaurant eine Frau, die ich von irgendwoher zu kennen glaubte. Es war Kelly. Das schöne, aber schnell wieder vergessene Mädchen von früher hatte sich zu einer beeindruckenden Frau entwickelt. Sie war nach Texas gegangen, wo sie sich in einen neuen, weitaus interessanteren Job einarbeitete. Ihrem ehemaligen Freund weinte sie keine Träne mehr nach.

Bei jeder Entscheidung gibt es auch eine Ablehnung

Kelly änderte ihr Leben, indem sie Nein zu sagen lernte. Zu den beindruckendsten Charaktereigenschaften starker, positiver Menschen zählt die Art, wie sie mit auf den ersten Blick negativ wirkenden Dingen umgehen. Bei jeder Entscheidung lehnen wir eine Sache zugunsten einer anderen ab. Ablehnung sollte keine bedrohliche Erfahrung sein. Wir können nicht erwarten, bei allen gleich beliebt zu sein. Ebenso wenig können wir davon ausgehen, alle sich bietenden Chancen auch nutzen zu können. Sicher ist es schmerzhaft, wenn uns Menschen, denen wir eigentlich imponieren möchten, zurückweisen. Doch auch wenn unser Ego etwas angekratzt wird, können wir enorm davon profitieren.

Hat unser eigenes Verhalten die Ablehnung provoziert, haben wir die Chance, etwas in uns zu überwinden. Wir können aus der Erfahrung lernen und dieses Verhalten bewusst und entschieden korrigieren und einen Schritt nach vorne machen.

Vergessen Sie nicht, dass man auch für mustergültiges Verhalten abgelehnt werden kann. Man kann auch aus Neid abweisend behandelt werden. Ablehnung, die aus Respektlosigkeit resultiert, ist ohne jede Würde. Aber es ist noch unwürdiger, freiwillig dort zu bleiben, wo man nicht geschätzt wird.

Wobei mir ehrliche Ablehnung immer lieber ist, als einfach toleriert zu werden. Stets toleriert zu werden bedeutet, in ständiger Erniedrigung zu leben. Man akzeptiert uns nur soweit, dass man uns nicht völlig ignoriert. Unsere Bedeutung ist gleich null, wir werden aber niemals offen abgelehnt. Um sich seine Würde zu bewahren, muss man den Rückzug antreten.

Viele von uns leben in der ständigen Angst, einen schlechten Eindruck zu hinterlassen. Noch schlimmer ist allerdings, einen so schwachen Eindruck zu machen, dass wir überhaupt nicht wahrgenommen werden.

Ein schwacher Eindruck resultiert aus schwacher oder ungenügender Entwicklung unserer Werte. Wir fragen uns voller Angst, was die anderen von uns denken könnten. Aber die meisten Menschen denken über niemand anderen nach als über sich selbst. Doch sich ständig nur um die eigene Person zu sorgen heißt, so eitel und selbstgefällig zu sein, dass andere uns nicht interessieren. Egal ob aus Schüchternheit oder Arroganz: Wenn wir nicht über andere nachdenken, verlieren wir den Kontakt zu ihnen – und dann sehen uns auch die anderen nicht mehr.

Halten wir uns selbst für uninteressant, wirken wir früher oder später auch auf andere so. Und wer sollte uns dann noch kennen lernen wollen?

Was macht Sie interessant?

Sarah, eine Klientin, erzählte mir, ihre Freundin Ruth hätte neuerdings ständig etwas an ihr auszusetzen. Beim letzten Streit ging es um den Eindruck, den Sarah auf andere macht. Ruth sagte: »Ich hasse es, wie du dich benimmst. Immer führst du dich auf, als wärst du jedermanns Liebling.« Ich fragte Sarah, was in ihrem Kopf vorgehe, wenn sie Leute treffe.

»Gar nichts«, sagte sie. »Ich denke nie an etwas Bestimmtes, wenn ich andere treffe. Ich höre ihnen nur aufmerksam zu und versuche dafür zu sorgen, dass sie sich in ihrer Haut wohl fühlen. Ich bin gern mit Leuten zusammen. Und ich habe das Glück, dass die Leute mich mögen.«

Inzwischen wissen wir, dass eine starke, aus Überzeugung getroffene Entscheidung vorangegangen ist, wenn wir für andere Sorge tragen. Wenn diese Sorge mit ungeteilter Aufmerksamkeit oder vollem Engagement verbunden ist, ist der Erfolg sicher. Im Beispiel von Sarah zeigte sich dieser Erfolg im positiven Eindruck, den sie überall hinterließ. Die Folgen ihrer Entscheidungen und Anstrengungen hatten nichts mit Glück zu tun, sondern mit Verantwortung. Der Eindruck, den wir bei anderen hinterlassen, ist kein Zufallsprodukt. Er hängt davon ab, wie viel Aufmerksamkeit wir diesen anderen schenken. Wenn wir unserem Gesprächspartner das Gefühl geben, uns im Moment ausschließlich für ihn zu interessieren, wird er darauf mit Freude und Dankbarkeit reagieren.

Ein weiteres Beispiel für diesen Mechanismus ist meine ehemalige Musiklehrerin. Ihre ganze Art machte sie bei ihren Schülern ausgesprochen beliebt. Was für mich am meisten zählte war, dass ich bei ihr immer das Gefühl hatte, ihre Lieblingsschülerin zu sein. Sie war mit ihrer Aufmerksamkeit ganz bei mir und schien selbst große Freude am Unterricht zu haben. Wenn sie mich korrigierte, war das für mich eine Ermutigung. Und selbst wenn sie streng war, empfand ich das als Sorge um mein Wohlergehen.

Wenn wir in allen Bereichen unseres Lebens verantwortungsvoll handeln, erfahren wir ganz automatisch Anerkennung. Es wird zu unserer Lebenseinstellung, unserer persönlichen Philosophie, die wir nach außen abstrahlen. Wir projizieren unsere Gedanken ständig auf unser Umfeld, und wenn wir uns entscheiden, für andere Sorge zu tragen, wird das sofort bemerkt und erhält auch die entsprechende Reaktion.

Die Bürde einer falschen Fassade

Es gibt auch Leute, die mit einer Arroganz Eindruck machen wollen, die mit einem »Ich bin viel wichtiger als du« daherkommt. Das sollte man als eine Form von Zurückweisung interpretieren, doch sobald wir dieser Anmaßung in irgendeiner Weise nachgeben, bestätigen wir damit stillschweigend die hohe Meinung, die der andere von sich selbst hat. Wir könnten uns auch geschmeichelt fühlen, dass unser Gegenüber uns für wichtig genug hält, uns beeindrucken zu wollen. Doch wenn wir diese Vorstellung für wahr halten, geben wir ihm ein falsches Gefühl von Macht, das nur dazu dient, uns klein zu machen. Denn nur so kann der andere größer erscheinen.

Es fällt leichter, zwischen echt und falsch zu unterscheiden, wenn man sich vor Augen hält, dass ein ehrlicher Mensch Angeberei niemals nötig hat. Sie ist ein Erkennungszeichen der Mittelmäßigen. Falsches Getue als echt zu akzeptieren macht uns verwundbar, denn damit schenken wir einer Maske Glauben und reagieren auf diese und nicht auf die Person, die sich dahinter verbirgt. Wir schaffen Erwartungen, die der Betreffende nicht erfüllen kann.

Menschen, die im Mittelmaß oder darunter leben, sind zur einen Hälfte ständig damit beschäftigt, Eindruck zu schinden – und zur anderen, sich beeindrucken zu lassen. In Gesellschaft von Menschen, die ihr Leben virtuos meistern, entsteht durch deren ungekünstelte Ruhe und Höflichkeit eine ganz und gar gelöste Atmosphäre. Wir werden akzeptiert und nicht abgeurteilt. Da keiner von uns vollkommen ist, kann man auch nicht exakt festlegen, auf welchem Entwicklungsniveau sich jeder gerade befindet. Wenn wir Authentizität anstreben und uns nichts vormachen lassen wollen, sollten wir einfach beobachten. Wir müssen den Menschen zugestehen, sie selbst zu sein, sie mit Respekt behandeln und nicht unfreundlich zu ihnen sein.

Wenn sich jemand ein falsches Image zulegt, dann nur, weil er sich selbst nicht mag oder hasst. Solche negativen Gefühle resultieren aus Angst vor Ablehnung und aus Minderwertigkeitsgefühlen. Im schlimmsten Fall enden Menschen, die hinter einer falschen Fassade leben, in einer Gefühlswelt aus Neid, Habgier und Geiz und müssen zwanghaft lügen, stehlen und zerstören.

Quälende Minderwertigkeitsgefühle sind der erste Auslöser dafür, dass Menschen sich hinter einer Maske verstecken. Sie schaffen ein Idealbild – oder das, was sie dafür halten – und machen es zum wichtigsten Bestandteil ihres Selbst. Dieses falsche Image nimmt eine solche Wichtigkeit ein, dass es auf fast schon perverse Art perfektioniert wird. Der Mensch hinter der Maske identifiziert sich früher oder später völlig mit ihr und will so behandelt werden, wie es seinem Image angemessen ist. Wird er es nicht, fühlt er sich verraten und bloßgestellt. Die Ironie liegt darin, dass er nur nach den Werten, für die sein falsches Image steht, leben müsste, um sich besser zu fühlen. Denn dann würde er allmählich seine Persönlichkeit entwickeln und schließlich über sein Image hinauswachsen.

Das Image kann noch so gut sein – es ist doch immer nur eine Rolle. Und diese Rolle hat ihre Grenzen. Wer in eine Rolle schlüpft, kann eine sich bietende Chance nicht nutzen, weil man ihn sofort entlarven würde, sobald er seine Rolle nicht überzeugend weiterspielt. Jene, die intellektuell oder moralisch auf einer höheren Ebene stehen, kann er damit ohnehin nicht täuschen. Und wie lange kann man das Spiel aufrechterhalten, ohne Erfolge nachweisen zu können? Die Rolle läuft sich tot. Und auf lange Sicht zählt nur, was wir wirklich getan oder nicht getan haben. Wir können nicht immer nur erzählen, was wir alles tun wollen. Eines Tages müssen wir Resultate vorweisen, wenn man uns noch Glauben schenken soll.

Menschen, die in einer Rolle gefangen sind, leben in der ständigen Angst, durchschaut zu werden. Und wenn das schließlich passiert, leiden sie unter Schuldgefühlen und Demütigung. Übernehmen sie dann noch immer keine Verantwortung, brauchen sie eine andere Form der Kompensation und beneiden schließlich jene, die mit größerem Engagement leben. Ein Image funktioniert nur, wenn ein Wunschdenken noch möglich ist. Das spätere Erwachen endet immer in Verzweiflung.

Menschen, die hinter einer Maske leben, haben am Ende

ihres Lebens keine Resultate vorzuweisen. Die Verbitterung darüber, wie das Leben ihnen mitgespielt hat, macht ihre Gesellschaft unerträglich. Und es ist zu spät für sie, noch einmal etwas Sinnvolles in Angriff zu nehmen, weil sie keinen positiven Ansatz beibehalten können. Es gibt Menschen, die sich noch im hohen Alter in neue Abenteuer stürzen und diese meistern. Doch das sind meist Menschen, die schon ihr ganzes Leben lang ein hohes Maß an Verantwortung übernommen haben.

Ein falsches Image birgt Gefahren

Ich habe auch schon mit Menschen gearbeitet, die aus ihrem falschen Image hätten aussteigen können, bevor es zu spät war, sich aber dafür entschieden haben, ihre Rolle weiterzuspielen. Bisher waren das allerdings nur wenige. Die Vorstellung, ihre Maske abzulegen, würde sie in Tränen ausbrechen lassen, weil sie sich ohne sie nackt fühlen würden. Schließlich erfordert es eine Menge Zeit und Arbeit, sich ein so überzeugendes Kostüm zurechtzuschneidern. Aber unsere Seele (die Essenz unseres moralischen Vehikels) und unser Engagement (die Arbeit, die von unserem mentalen Vehikel ausgeht) sind dazu da, sie auf virtuose Art offen zu legen. Ein künstliches Image perfektionieren zu wollen, ist stupide Zeitverschwendung und führt zu falschem Stolz.

Stolz ist häufig die Wurzel allen Übels. Der nächste Schritt ist Rebellion gegen alles Gute, und so werden Neid und Habgier schließlich immer stärker. Neid und Habgier sind unheilbare Krankheiten, die bei manchen Menschen wieder abklingen können, in der Regel aber nicht ganz ausgeheilt werden. Jene, bei denen die Krankheit etwas abklingt, lernen, ihre negativen Qualitäten wenigstens gewisse Zeit im Zaum zu halten, doch im Großen und Ganzen resignieren sie vor ihnen. Die Anhäufung materieller Güter bringt ihnen weder Frieden noch Glück. Und nicht einmal das, was sie besitzen, können sie richtig genießen. Ich will an drei Beispielen zeigen, was passiert, wenn man die Krankheit nicht kuriert.

Brigitte hatte ein hübsches Gesicht und wirkte in ihrer ganzen Erscheinung auf den ersten Blick anziehend. Mir wurde aber bald klar, dass sie nachahmte, was ihr an anderen Frauen gefiel und diese Sammlung »reizender« Eigenschaften zu einer in ihren Augen einmaligen, auf sie zugeschnittenen Realität zusammenfügte. Die Situation wurde noch dadurch verkompliziert, dass sich ihre beste Freundin dieselben reizenden Eigenschaften zugelegt hatte. Als sie mir beide als potenzielle Schülerinnen gegenübersaßen, sprach ich sie auf ihre Ähnlichkeit an und fragte, wer nun wen nachahme.

»Oh«, sagte Brigitte, »wir sehen uns immer als Konkurrentinnen, und das gefällt uns, weil es unsere Freundschaft lebendig erhält.«

Ich habe noch nie solchen Unsinn gehört, aber beide Mädchen wollten einen Kurs bei mir beginnen. Die Freundin kurierte sich selbst, indem sie durch permanente Selbstkritik und Korrektur ihres Verhaltens auf ihre moralischen und mentalen Ziele hinarbeitete. Später lernte sie einen ambitionierten jungen Mann kennen, heiratete ihn und gründete mit ihm eine Familie. Brigitte suchte lange Zeit einen Mann zum Heiraten, lernte aber nicht den kennen, den sie sich vorstellte. Mit vierzig beschloss sie, vehementer vorzugehen. Sie wollte sich einen gut situierten Mann angeln, egal, ob er frei war oder nicht. Als sie einen fand, war dieser natürlich verheiratet. Sie brachte ihn dazu, sich von seiner Frau zu trennen und zog mit ihm zusammen, obwohl er sich keineswegs sicher war, ob er überhaupt wieder heiraten wollte. Ein Grund für sein Zögern war Brigittes Ansicht, es sei unfair von seiner verlassenen Frau, so viel vom gemeinsamen Besitz einzufordern. Wegen Brigittes Vorschlägen dauerte die Scheidung viel länger, als nötig gewesen wäre.

Nachdem die Scheidung unter heftigen Auseinandersetzungen über die Bühne gegangen war, stand für Brigitte einer Hochzeit nichts mehr im Weg. Doch nun hatte sie ein ganz anderes Problem. Nachdem er erlebt hatte, wozu sie um des Geldes willen in der Lage war, wollte er vor der Hochzeit einen Vertrag abschließen, in dem Brigittes Anspruch auf sein Vermögen streng limitiert wurde. Sie weigerte sich. Als Letztes habe ich gehört, dass sie sich überlege, vor Gericht Geld von ihm einzuklagen, weil er sie so lange hingehalten habe.

Der zweite nicht kurierte Fall war ein Mann, der die Rolle des Don Juan bis zur Perfektion beherrschte. Seine Auftritte garnierte er mit charmanten kleinen Sprüchen, aufgeschnappt von naiven Frauen, die sich von sexbesessenen Jägern herumkriegen lassen. Er prahlte, wie unwiderstehlich er auf Frauen wirke und dass über 300 Eroberungen auf sein Konto gingen. Manche Frauen unterstützten ihn finanziell, doch länger als sechs Monate blieb er bei keiner. Da ein so großer Teil seines Ichs mit der Rolle des Verführers beschäftigt war, blieb wenig für eine sinnvolle Beziehung oder Arbeit übrig. Im Alter von 50 Jahren hatte er keine Freunde, beruflich nichts erreicht und war auf dem besten Weg, eine vertrocknete und verstaubte Karikatur dessen abzugeben, was er einmal war.

Das dritte Beispiel ist ein Mann namens Robert, der sich mir als Bobby vorstellte. Ich sagte als Erstes zu ihm, dass ein Kosename, vor allem ein so verniedlichender, nicht unbedingt großes Vertrauen in seine Fähigkeiten als Geschäftsführer einer international operierenden Firma erwecke. Ein Kosename passt für einen zehnjährigen Jungen, aber nicht für einen Mann von Roberts Statur. Ich bat ihn, mir zu schildern, was er schon erreicht habe. Daraufhin erzählte er mir, er habe sein Studium mit den höchsten Auszeichnungen abgeschlossen. »Und wie haben Sie das gefeiert?«, fragte ich.

»Gar nicht«, antwortete er. Als ich ihn nach dem Grund fragte, erklärte er mir, warum er keine Freude daran hatte.

»Weil ich die Prüfungsaufgaben gestohlen hatte.« Im weiteren Gesprächsverlauf gestand er, dass er alles Bisherige auf unehrenhafte Weise erreicht habe – angefangen vom Schummeln in der Schule bis hin zur letzten Übernahme, die er für seine Firma abgewickelt hatte. Wir können aber nicht ewig nur nach außen leben, in unserem Inneren müssen wir mit der Wahrheit zurechtkommen. Robert war nun an dem Punkt angelangt, an dem er sich ändern wollte. Er machte enorme Fortschritte, konnte sich aber nicht von seinem Neid und seiner Habgier lösen. Als ich ihm sagte, er müsse unbedingt versuchen, sein Image abzulegen und sein wahres Ich zeigen, schrie er unter Tränen: »Dann bin ich ja ein Nichts.«

Es ist nie angenehm mit anzusehen, wie Menschen sich selbst betrachten und ihnen das, was sie sehen, überhaupt nicht gefällt. Robert war ehrlich zu mir und zu sich selbst, indem er akzeptierte, dass er nicht den Mut besaß, die Lügen aufzugeben, mit denen er sein ganzes bisheriges Leben zugebracht hatte. Sobald er ein neues Projekt in Angriff nehmen würde, wollte er ohne Manipulationen und Täuschungsmanöver auskommen. Doch etwas zu wollen oder es entschieden anzupacken sind zwei Paar Stiefel.

Unnötig zu erwähnen, dass Robert nicht aus seinem Fahrwasser herauskam und ihn seine Fehler schließlich einholten. Seine Firma ist inzwischen viel kleiner und kämpft ums Überleben. Die Zeichen stehen nie gut, wenn man im Sumpf der Mittelmäßigkeit feststeckt.

Einen bleibenden Eindruck hinterlassen

Da die meisten Menschen ihr Leben auf der mittelmäßigen oder den unteren Denkebenen zubringen, ist es für uns normal, dass der Großteil der Menschen, denen wir begegnen, einen negativen Eindruck auf uns macht. Die meisten wirken schwach, stumpfsinnig oder aggressiv.

Wie alle anderen, haben auch jene auf den unteren Ebenen das Bedürfnis, sich von der Masse abzuheben. Da sie es aus eigener Kraft nicht schaffen, versuchen sie es auf Kosten anderer. Nach außen zeigt sich das als Ungezogenheit und Respektlosigkeit. Am schlimmsten ist es jedoch, wenn jemand destruktiv auftritt, was sich in Form von Unhöflichkeit, Grausamkeit und verdeckter oder offener Feindschaft zeigt. Ungehobelte Menschen werden aber nur selten mit ihrer eigenen Grausamkeit konfrontiert. Meist werden sie gefürchtet und respektiert, bis man ihnen ganz aus dem Weg gehen kann.

Auf der Ebene der Mittelmäßigkeit gibt es aber auch viele gutmütige Menschen, die sich nicht vom Wunsch, andere zu täuschen oder zu erniedrigen, leiten lassen, die aber aufgrund ihrer Unsicherheit ihr wahres Ich verstecken und sich verstellen. Der eine entscheidet sich, lautstark seine angeblichen Tugenden zu preisen, während der andere den Clown spielt oder sich durch besondere Pedanterie hervortut, durch Prahlen mit seinen materiellen Besitztümern, seinen Erlebnissen oder gesellschaftlichen Verbindungen. Daneben gibt es auch die Schüchternen und Schwachen, aber Gutwilligen, die überhaupt keinen Eindruck hinterlassen, dafür aber auch keinerlei Schaden anrichten und kein falsches Image vor sich hertragen.

Wie wir am Beispiel von Kelly feststellen konnten, kommt es auch bei Menschen von Format vor, dass sie ihre Werte als etwas Selbstverständliches betrachten. Sie halten ihre guten Eigenschaften für ganz natürlich, daher normal, und setzen diese auch bei anderen voraus. Wie bereits erwähnt, müssen wir Enttäuschung und Betrug in Kauf nehmen, wenn wir bei anderen bestimmte Werte als gegeben annehmen. Unsere Erwartungen gehen von dem aus, was wir in unserer Fantasie für wahr halten. Das ist der Grund, warum sich viele Menschen in ein falsches Image verlieben oder in die Projektion ihrer eigenen Werte.

Stellen Sie sich vor, Ihnen begegnet um zwei Uhr nachts auf der Straße eine Frau, die ohne Einhaltung von Verkehrsregeln mit hoher Geschwindigkeit durch die Stadt rast. Sie überfährt rote Ampeln und drängt andere Autos von der Fahrbahn ab. Einige Autofahrer hupen, andere beschimpfen sie wüst. Man könnte glauben, die Frau sei durchgedreht, denn das entspricht genau dem Eindruck, den sie vermittelt. Die wilde Fahrt endet am Krankenhaus.

Sie legt eine Vollbremsung hin, stellt den Wagen ab und steigt aus. Hektisch läuft sie zur Beifahrerseite und holt ein Baby aus dem Kindersitz. Das Kind ringt mit blaugefärbten Lippen um Luft und blickt mit flehenden Augen zu ihr hoch. Die besorgte Frau drückt es an sich und läuft zur Notaufnahme.

Dort wartet bereits der Kinderarzt, dessen Augen noch verquollen sind, weil man ihn aus dem Tiefschlaf geholt hat, und der ebenfalls die Straßenverkehrsordnung nicht ganz eingehalten hat, um so schnell wie möglich zum Krankenhaus zu kommen.

Albtraumhafte Szenen wie diese habe ich in den ersten acht Lebensjahren meines jüngsten Sohnes selbst häufig genug durchgemacht, dann hörten diese Anfälle zum Glück auf. Aber sicher hatte es nach außen das eine oder andere Mal den Anschein, als sei ich total durchgedreht.

Jeder noch so kurze Eindruck verleitet uns zu einem sofortigen Urteil. Doch nicht immer sind die Dinge so, wie sie auf den ersten Blick scheinen. Wir dürfen erst urteilen, wenn wir über ausreichende Informationen verfügen. Wenn wir von vorschnellen Urteilen abkommen, schützt uns das vor Ignoranz, Verletzung und Manipulation.

Sich eines Urteils zu enthalten, hat nichts mit Gedankenlosigkeit oder Passivität zu tun. Wir müssen die Entwicklungen beobachten. Beim Beobachten werden wir sehen, welche Muster sich wiederholen und bestätigen. Je näher Sie eine authentische Person kennen lernen, um so mehr werden Sie sie mögen. Und je näher Sie einen überheblichen oder falschen Menschen kennen lernen, um so mehr werden Sie sich von ihm abgestoßen fühlen.

Wenn wir einzelne Ausschnitte als die ganze Wahrheit betrachten, sind wir naiv und urteilen vorschnell. Naivität bringt uns selbst in Gefahr, vorschnelles Urteilen macht uns zu einer Gefahr für andere. Das blinde Vertrauen, das wir unter Naivität verstehen, ist nur bei einem ganz jungen Menschen vertretbar. Mit zunehmender Reife sollten sich kritisches Denken und Scharfsinn herausbilden. Wer vorschnelle Urteile fällt, begeht eine Art Rufmord. Gelingt es nicht, dieses Verhaltensmuster abzulegen, wird es zur Gewohnheit und wird uns den Ruf einbringen, zu kritisch und voreingenommen zu sein.

Wir sind, was wir tun

Körperhaltung, Energie, Gestik, unser persönlicher Besitz und unsere Art, damit umzugehen, machen unsere Person aus. Was wir denken, wie wir sprechen und welche Worte wir dabei benutzen, über welche Themen wir uns unterhalten, wie wir antworten und auf welche Art und Weise wir auf bestimmte Situationen, Menschen, Meinungen und Dinge reagieren, sagt, wer wir sind. All diese Nuancen fügen sich wie ein Puzzle zu einem Porträt zusammen. Die Leute können Designerkleider tragen oder ein raffiniertes Make-up auflegen – das tatsächliche Bild lässt sich damit nicht überdecken. Wenn wir über andere schlecht reden, macht uns das nicht attraktiv.

Mit einer negativen Lebenseinstellung können wir keine Freude ausstrahlen. Egal wie wir uns anziehen oder wie intensiv wir unseren Körper trainieren, unsere Physis spiegelt unser Denken und Fühlen wieder, ob positiv oder negativ.

Ich habe irgendwo einmal gelesen, wie Leonardo da Vinci das *Letzte Abendmahl* geschaffen hat. Künstler denken sich Gesichter nicht aus, denn erfundene Gesichter können zwar anatomisch richtig sein, haben aber keine Seele. Also holte sich da Vinci für jeden einzelnen Apostel ein sorgfältig ausgewähltes Modell von der Straße, dessen Gesicht das Wesen des jeweiligen Apostels perfekt verkörperte. Als Letztes blieb noch das Gesicht des Judas übrig, und das war für da Vinci am schwierigsten. Es war entscheidend für das ganze Gemälde und musste den Verrat ausdrücken, den es verbergen wollte.

Schließlich fand er das perfekte Gesicht. Der Mann begrüßte ihn, als wären sie sich schon einmal begegnet. Der Meister erkannte ihn erst nicht. Aber es stellte sich heraus, dass er ihm vor Jahren schon einmal für das gleiche Gemälde Modell gestanden hatte, damals für Johannes, den fröhlichen jungen Apostel, dem Jesus besondere Zuneigung geschenkt hatte.

Ein besseres Image vermitteln

Den ersten Schritt zu einem guten und bleibenden Eindruck haben Sie bereits getan, als Sie die Übungen in den vorhergehenden Kapiteln gemacht haben. Sie wissen inzwischen, dass die meisten Menschen auf der mittelmäßigen Ebene oder darunter denken und leben und allein dadurch am wenigsten gerüstet sind, Urteile abzugeben. Wenn Ihnen das bewusst ist, können Ihnen die meisten Auftritte schon nichts mehr anhaben. Sie brauchen die Ansichten oder die Täuschungsmanöver anderer nicht mehr als persönlichen Affront zu verstehen und sind weniger anfällig für Schmeicheleien oder Demütigungen.

Sie haben erkannt, dass der einzige Eindruck von Wert der echte, authentische ist, stark und sanft zugleich. Und Sie sind sich dessen bewusst, dass Sie immer einen ersten Eindruck hinterlassen, auch bei Menschen, die Sie schon länger kennen.

Begegnen Sie anderen mit Respekt, aber vergleichen Sie sich nicht mit ihnen und glauben Sie nicht, die Interessen der anderen seien wichtiger als Ihre eigenen, denn das stimmt nicht.

Wenn Sie Ihren momentanen Entwicklungsstand akzeptieren, zeigen Sie ganz von selbst stärkere Präsenz und es fällt Ihnen leichter, ehrlich und authentisch aufzutreten. Und wenn Sie täglich Ihr Fünf-Schritte-Programm machen und mehr Verantwortung für Ihr moralisches und mentales Vehikel übernehmen, kann der Eindruck, den Sie hinterlassen, immer nur besser werden.

Nachstehend finden Sie fünf Möglichkeiten, wie Sie darüber hinaus noch an Ihrem Eindruck arbeiten können. Sie können diese Vorschläge jederzeit in Ihr Fünf-Schritte-Programm integrieren.

1. Lassen Sie in Ihrer Körpersprache alles weg, was unnatürlich ist, darunter auch gekünstelte Gestik und Ausdrucksweise, die Sie sich möglicherweise im Lauf der Jahre angeeignet haben.

2. Arbeiten Sie an Ihrem Gesichtsausdruck. Der wichtigste Bestandteil einer anziehenden Körpersprache ist ein freundlicher Gesichtsausdruck. Sollten Sie damit Probleme haben, versuchen Sie einmal folgende Übung:
   - Stellen Sie sich vor einen Spiegel oder eine Videokamera und stellen Sie sich eine Situation vor, die Ihnen Qualen bereitet. Achten Sie auf Ihre Mimik. Das ist genau der Ausdruck, den Sie haben, wenn Sie an etwas Unerfreuliches denken.
   - Stellen Sie sich dann etwas vor, was Ihnen Freude macht, und achten Sie wieder auf Ihre Mimik. Wenden Sie sich nun vom Spiegel oder der Kamera ab und machen Sie sich damit vertraut, wie sich dieser glückliche Ausdruck anfühlt.

- Blicken Sie nun wieder in den Spiegel und überprüfen Sie, ob Sie noch immer diesen glücklichen Ausdruck haben. Das ist genau der Gesichtsausdruck, den Sie haben sollten.

3. Schwächen Sie alle lauten Geräusche, angefangen von übertriebenem Gelächter bis zu Krach in Ihrem Umfeld ab und vermeiden Sie alles Abgehackte oder Irritierende in Ihrer Stimme und Ihren Gebärden.

4. Lehnen Sie sich nicht gegen Möbel oder an die Wand, es sei denn im Sitzen. Legen Sie immer Wert auf eine aufrechte Haltung.

5. Begegnen Sie anderen Menschen mit dem Vorsatz, eine angenehme Zeit mit ihnen zu verbringen. Schenken Sie der Person, mit der Sie sich unterhalten, Ihre volle Aufmerksamkeit. Halten Sie Blickkontakt und öffnen Sie Ihr Herz.

Einige dieser Übungen kommen Ihnen anfangs vielleicht unnatürlich vor, weil dieses Verhalten ungewohnt für Sie ist. Doch es ist der Ausdruck einer neuen Denkweise, die Sie gerade erst erlernen. Bei Beerdigungen, Hochzeiten oder anderen Anlässen, bei denen Sie Ihrem Mitgefühl oder Ihrer Freude freien Lauf lassen wollen, gelingt es Ihnen ja ohnehin bereits, Ihr natürliches Wesen zu offenbaren.

Authentisch sein bedeutet aber niemals, anderen unsere

Gefühle aufzudrängen, Probleme, negative Reaktionen oder schlechte Manieren eingeschlossen. Andere mit jeder unserer Regungen zu behelligen, ist ein sicheres Mittel, einen bleibenden Eindruck zu hinterlassen – allerdings einen, den wir uns ganz bestimmt nicht wünschen.

KAPITEL 6

Wenn Träume wahr werden

Unsere Ideale, unsere Absicht • Die Wichtigkeit von Idealen • Träume oder Ideale? • Wie aus Träumen Ideale werden • So definieren Sie Ihre Ideale • Täglich eine Aufgabe • Die Chance des Augenblicks • Moralische Ideale • Was im Leben zählt • Es ist nie zu spät • Nicht wünschen, sondern handeln • Die wirklich wichtigen Veränderungen

Inbegriff dessen, was man sich wünscht« lautet eine der schönen Definitionen, die man im Wörterbuch unter *Ideal* findet. Weitere Definitionen sprechen von der Dualität eines Ideals, das sowohl ein Wunschbild als auch die Erfüllung dieses Wunschbildes nach außen sein kann. Ein Ideal ist die bestmögliche Vorstellung, die wir von einer Person oder Sache entwickeln können. Finden wir dieses Ideal schließlich in einer Sache, einer Situation, einer Person oder einer bestimmten Verhaltensweise verkörpert, entspricht diese Realität dem Besten, wozu man fähig ist – ein Ausdruck von Wahrheit und Schönheit.

Durch ständiges Bemühen um die Vervollkommnung unseres moralischen und mentalen Vehikels können wir uns diese Erfahrung so oft wir wollen verschaffen. In Kapitel 4 haben wir gesehen, dass es nicht genügt zu lernen, wie man eine Aufgabe gut, ja selbst hervorragend durchführt.

Vielleicht sind wir schon mit einer guten Seele und ausgeprägten Talenten auf die Welt gekommen – aber auch dann sind wir moralisch verpflichtet, unsere Tugenden und Fähigkeiten jeden Tag zu verbessern und ihnen möglichst viele neue hinzuzufügen. Wir können nie wissen, in welchem Bereich wir nur noch einen winzigen Schritt tun müssen, um die Stufe der Virtuosität zu erreichen.

Unser Fünf-Schritte-Programm führt dazu, dass wir täglich neue Ideale entwickeln oder vorhandene verwirklichen. Durch sie definieren und perfektionieren wir unsere Arbeit, unser Engagement und die Qualität unseres Daseins. Und durch diesen Fortschritt erwecken wir neue Talente, Fähigkeiten und Stärken zum Leben – nicht zuletzt auch die Energie und den Vorsatz, noch mehr zu erreichen. Manche anregenden Eigenschaften und Talente sind vielleicht so tief vergraben, dass wir nichts von ihnen ahnen. Doch sie sind aufs Engste mit uns verbunden und warten nur darauf, entdeckt zu werden.

Wohlstand und Ruhm gelten manchmal als Maßstab, ob einer seine Sache gut macht oder nicht. Doch sie sind nur zwei veränderliche Größen aus dem gesamten Potenzial, das uns zur Verfügung steht, wenn wir die Möglichkeiten unseres moralischen und mentalen Vehikels voll ausschöpfen. Ruhm mag ein angenehmer Begleiter sein, ist aber im Vergleich zu

Selbstachtung unbedeutend. Die Konstanten in diesem Gefüge heißen Verantwortung und Dankbarkeit. Diese beiden Größen müssen aus unserer Arbeit und unserem Engagement, aus uns selbst und unseren Beziehungen sprechen. Damit ist die Voraussetzung zum Glücklichsein geschaffen.

Was unser Engagement wert ist, hängt davon ab, wie exakt wir unsere Ideale definieren und wie gekonnt wir sie verwirklichen. Wir haben immer mehrere Konstellationen zur Verfügung, in oder mit denen wir unsere Ideale zum Tragen bringen können. Meistens sind dies:

- Arbeit, Haushalt, Studium, Beschäftigung oder Beruf
- familiäre oder andere Beziehungen
- besondere Fähigkeiten, Talente, Interessen und Projekte
- Tugenden und Charaktereigenschaften

Selbst in einer ganz einfachen Tätigkeit auf dem untersten Lohnniveau können wir Ideale verwirklichen: unser Bestes zu geben, unsere Kollegen zu motivieren, keine schlechte Stimmung gegen Vorgesetzte zu schüren. Wenn wir in unseren augenblicklichen Lebensumständen unser Bestes geben, bewegen wir uns über unsere gewohnte Ebene hinaus, beweisen Ideenreichtum und Initiative und sammeln neue Kraft. Das sind die Grundvoraussetzungen, um überhaupt irgendein Ideal verwirklichen zu können.

Steven, ein 19jähriger Studienanfänger, quälte sich seit

sechs Monaten mit der Entscheidung für sein Hauptfach herum. Am meisten interessierte er sich für Anthropologie, doch in einer Studie über die Einkommenssituation in verschiedenen Berufen tauchte dieses Fach nirgendwo in den oberen Rängen auf. Und die Berufe, die ganz oben rangierten, reizten ihn nicht im Geringsten. Nun war er völlig ratlos und hatte Angst, seinen Lebensunterhalt nicht verdienen zu können, wenn er eine emotionale Entscheidung traf.

Ich riet ihm, sich für sein Wunschfach Anthropologie einzuschreiben. »Aber erwarten Sie nicht, dass sich in diesem oder einem anderen Fach die Chancen von selbst ergeben. Der Einsatz, mit dem Sie Ihr Studium betreiben, entscheidet darüber, ob Sie Ihr Potenzial freisetzen können oder nicht. Sie können als Anthropologe Arbeitsmöglichkeiten in Bereichen wie Marketing, Kommunikation und internationale Entwicklung finden, vielleicht einmal hoch dotierter Berater auf einem dieser Gebiete, gefragter Seminarleiter oder Bestsellerautor werden. Vielleicht interessieren Sie sich aber auch für wissenschaftliche Forschung, die Ihnen einmal viel mehr bedeuten könnte als Ihr momentaner Wunsch nach einem festen Einkommen. Oder Sie entscheiden sich nach einigen Semestern für ein ganz anderes Hauptfach. Doch im Moment müssen Sie eine Entscheidung treffen und zu ihr stehen. Was Sie tatsächlich wissen, ist nicht annähernd so wichtig wie die Kraft, die Sie sich beim Streben nach diesem Wissen aneignen.«

Für Stephen war wichtig zu wissen, dass die Chancen zu wachsen nicht an dem Punkt einsetzen, an dem wir die Entscheidung treffen, was wir aus unserem Leben machen wollen. Unser Platz im Leben ergibt sich von selbst, wenn wir uns weiterentwickeln. Hier haben wir ein Beispiel, wie das Gesetz der Verantwortung wirkt. Wenn Sie es in der Praxis anwenden, aber Ihre Berufung im Leben noch nicht gefunden haben, bedeutet das, Ihr Potenzial ist momentan auf einer höheren Ebene als Ihre Kräfte. Es bedeutet aber keinesfalls, dass Ihre Fähigkeiten oder Talente nicht ausreichen könnten. Überlagertes oder schwaches Interesse kann eine unentdeckte Fähigkeit bedeuten, die sich durch ernst gemeinte Anstrengung zu einem Talent entwickeln kann.

Wenn wir heute nicht unser Bestes geben, heißt die Alternative, in Unmut und Ärger zu verharren, zu stagnieren und zu warten, bis etwas passiert, statt die Dinge selbst in die Hand zu nehmen.

Unsere Ideale, unsere Absicht

Charakterschwäche hält die meisten Menschen davon ab, ihre Ideale zu verwirklichen. Und jene, die auf der mentalen Ebene ihre Ideale erreichen, haben oft nicht die Souveränität, das zu genießen und mit anderen zu teilen.

Die meisten Menschen entscheiden sich dafür, nur das

mentale Vehikel weiterzuentwickeln. Ihre Ideale kreisen um den Beruf, den sie möglicherweise auf eine spirituelle Ebene heben, indem sie ihn als Mission oder Berufung bezeichnen. Doch er kann auf keinen Fall echten spirituellen Wert besitzen, solange er sich nicht parallel zum moralischen Vehikel entwickelt. Nur in beruflicher Hinsicht hervorragend zu sein schafft ein Ungleichgewicht. Beruflicher Erfolg kann die Identität eines Menschen so weit isolieren, dass er außerhalb seiner Arbeit nicht mehr existiert. Das moralische Vehikel ist auf dem besten Wege zu verkümmern.

Karriere, Beruf und Hobbys sind wichtig und für die eine Hälfte unseres Erfolgs und Glücks verantwortlich. Aber eben nur für eine Hälfte.

Dieses Ungleichgewicht ist ein Charaktermangel, aber nicht, weil etwas fehlt, sondern weil etwas ignoriert wird. Wir können versuchen, dies mit noch größerem Erfolg zu überkompensieren, werden damit das moralische Bedürfnis aber nicht befriedigen. Eine Komponente zuungunsten der anderen bevorzugt zu behandeln bedeutet, stets aus dem Gleichgewicht zu sein und sich in der Mittelmäßigkeit dahinzuschleppen. Wie soll ein Mensch, der nur mental über einen starken Antrieb verfügt, Herausforderungen bestehen können, die große moralische Kraft erfordern – oder umgekehrt?

Dieses Ungleichgewicht zeigt sich beim Beten. Oft bitten wir im Gebet um das, was wir wollen – nicht um das, was wir brauchen. Statt Entwicklung unserer Persönlichkeit in allen

Bereichen zu erbitten, bitten wir um materielle Dinge und leiden, wenn wir sie nicht bekommen. Für persönliches Wachstum zu beten, wird nie Enttäuschungen nach sich ziehen, weil wir im Wachsen immer Kraft schöpfen.

Die Wichtigkeit von Idealen

Jugendliche und junge Erwachsene jammern oft, dass sie nicht wissen, was sie mit ihrem Leben anfangen sollen. Meist fehlt diese Vision, wenn wir nicht mit beiden Vehikeln gleichzeitig arbeiten.

Als Kind lernen wir, unser mentales Vehikel zu nutzen, indem wir uns zum Lernen motivieren, und unser moralisches Vehikel, indem wir es in unseren Beziehungen einsetzen. Im Lauf der Jahre lernen wir mehr über unser Tun, Abschlussprüfungen und Diplome markieren die Eckpfeiler. Unsere Persönlichkeit entwickeln wir unter Anleitung unserer Familie und Freunde. In jungen Jahren entwickeln wir uns schnell, jedes Jahr bedeutet eine neue Wissensebene und neue Erfahrungen. Die nächste Stufe ist immer in Sichtweite. Eine grundlegende Änderung tritt ein, wenn wir von der Schule abgehen und uns aus der Familie lösen, um ein unabhängiges Leben zu beginnen. Damit hört die Planung auf, ebenso wie die Arbeit auf ein bestimmtes Ziel hin. Plötzlich befällt uns das Gefühl, unser Leben habe überhaupt keinen Sinn.

Oft erzählen mir Teilnehmer meiner Kurse, ihr Leben habe keine Richtung. Ideale sind das Gerüst, um das herum wir unsere Aufgabe im Leben definieren und einen Plan zu ihrer Erfüllung entwerfen. Ohne Ideale oder Pläne kommen wir nicht vom Boden hoch. Aber zumindest können wir dort bequem sitzen und träumen.

Träume oder Ideale?

Zwischen einem Ideal und einem Traum klafft ein breiter Spalt. Viele Menschen fallen in diesen Spalt, weil sie beides miteinander verwechseln. Sie haben den gesunden Wunsch nach einem besseren Leben und die besten Absichten, sich diesen Wunsch zu erfüllen. Aber sie tun nichts dafür, um Wunsch und Intention in die Realität zu holen. Der Grund für ihre Untätigkeit ist nicht mangelnde Motivation, sondern sie sind überfordert und wissen nicht, wo sie anfangen sollen.

Ein Ideal ist eine gottgegebene Idee, für die wir die Verantwortung übernehmen und die wir mit dem größtmöglichen Einsatz verwirklichen wollen. Ein Traum dagegen ist ein Wunsch, den wir unerfüllt mit uns herumtragen, bis er uns erdrückt. Ideale sind virtuos und aktiv, Träume nichts weiter als nette Bilder.

Die Leserinnen und Leser dieses Buches, die ihr Fünf-Schritte-Programm machen, sind Idealisten und bewegen sich auf eine höhere Ebene zu, auch wenn sie das vielleicht nicht immer so genau erkennen. Die fünf Schritte erneuern die Energie, schaffen Klarheit und legen die Saat für neue Gedanken, die allmählich einen ganz neuen Blick auf das Potenzial des Lebens eröffnen.

Leben ist Energie, die eingesetzt werden will. Man kann sie damit vergeuden, über Träume zu reden, Luftschlösser zu bauen, darüber zu jammern, was man alles tun muss, und sich Sorgen zu machen, keinen Anfang zu finden. Tagträumen eignet sich gut, um Ideen zu entwickeln. Aber in der Fantasie zu leben, ist Zeitverschwendung. Im Lauf der Zeit werden diese hübschen Träume nämlich von Zweifeln verdrängt. Das ungenutzte Potenzial des Träumers verwandelt sich in einen erbarmungslosen Inquisitor. Habe ich je beansprucht, was für mich erreichbar ist? Bin ich ein Versager? Ein Feigling? Der Träumer erkennt die Virtuosität in seinen Mitmenschen und beneidet sie – nicht so sehr um das, was sie besitzen, sondern um die Fähigkeit, es zu erlangen. Wäre er bereit, die Anstrengung auf sich zu nehmen, die hinter dem Erfolg steht, könnte auch er dorthin kommen.

Neid und Habgier schüren den Zorn des Träumers. Weil er jegliche Verantwortung leugnet, sucht er andere Fluchtwege, lehnt seine Mitmenschen ab und denkt an Vergeltungsmaßnahmen. Sein Zorn richtet sich in Wirklichkeit gegen sich selbst. Er schämt sich, dass er mit einem Minimalaufwand überlebt, statt mit dem Maximalaufwand zu wachsen. Wie bei jedem Opfer besteht auch beim Träumer das Leben schließlich nur noch aus »irgend«-Wünschen. Irgendwann wird mein Schiff anlegen. Irgendjemand wird mich entdecken und mich reich und berühmt machen. Irgendein Wunder wird geschehen.

Wie aus Träumen Ideale werden

Manchmal ermuntern wir ungewollt andere, ihre Träume zu verwirklichen, auch wenn unser Beitrag zunächst negativ und unangenehm wirken mag.

Ich war nach einer Vortragsreise durch Lateinamerika gerade wieder in die Vereinigten Staaten zurückgekehrt, als ich eine Einladung zu einer Weihnachtsfeier am selben Abend annahm, weil ich einfach nur zuhören wollte und nicht selbst sprechen musste. So kurz vor dem Jahreswechsel drehen sich die Gespräche in erster Linie um Vorsätze und Pläne. Ich lernte eine Frau kennen, die sagte, sie würde eine Boutique eröffnen. Das interessierte mich und ich stellte ihr einige ganz normale Fragen. Welche Art von Boutique? Wo? Was wollte sie dort verkaufen? Große oder kleine Dinge? Inländisches Kunsthandwerk oder Importartikel?

Sie hatte keine bestimmte Vorstellung.

Wie lange hegte sie diesen Traum schon?

»Seit zehn Jahren.«

Was hatte sie bisher für ihre Boutique organisiert?

»Nichts.«

Schon Recherchen durchgeführt?

»Nein, aber das werde ich noch machen.«

Sie kannte meine Arbeit und fragte mich nach meiner Meinung.

Ich fragte, ob sie meine Partymeinung oder meine professionelle Meinung hören wolle. Die professionelle, war ihre Antwort. Ich gab sie ihr. Da sie bisher noch nichts dafür getan hatte, würde sie niemals eine Boutique eröffnen. Sie war wütend und sagte, da würde ich mich aber gewaltig irren. Manchmal ist es eben schmerzhaft, mit der Wahrheit über sich selbst konfrontiert zu werden. Doch ich behielt diesen Gedanken für mich, genauso wie die Überlegung, dass wir beide einen Fehler gemacht hatten – sie, weil sie mich um meine Meinung gefragt hatte, und ich, weil ich sie ihr offen gesagt hatte.

Ein paar Jahre später hörte ich an der Kasse im Supermarkt jemanden meinen Namen rufen. Als ich mich umdrehte, sah ich eine Frau, die mich strahlend anlächelte. Nun bin ich sicher keine Berühmtheit, aber ich halte viele Vorträge und Seminare und kann mir leider nicht alle Gesichter merken, denen ich begegne, von den Namen ganz zu schweigen. Also bat ich sie, mir auf die Sprünge zu helfen, woher wir uns kannten.

»Ich war die Frau auf dieser Weihnachtsfeier. Ich werde Sie

nie vergessen. Sie hatten Recht. Sie haben genau das zu mir gesagt, was ich mir selbst auch schon gedacht hatte – dass ich diese Boutique niemals eröffnen würde, weil ich noch überhaupt nichts dafür getan hatte. Ich hasste Sie für das, was Sie sagten, weil es alle meine Ängste ausdrückte. Drei Tage lang konnte ich nur mehr an Ihre Worte denken und dass ich dringend etwas tun musste, auch wenn es etwas ganz Unbedeutendes war.«

Dann zog sie eine aufwändig gedruckte Einladung zur Eröffnung ihrer Boutique hervor. Das Strahlen in ihrem Gesicht ließ ahnen, wie gut es ihr tat, dieses Ideal verwirklicht zu haben.

Die meisten Menschen haben Pläne und verfolgen sie auf irgendeine Art und Weise, gehen dabei aber nicht nach einem festgelegten Plan vor. Manche haben einen bestimmten Wunsch, unternehmen aber nichts, um ihn zu verwirklichen. Andere haben keinerlei Vorstellung, was sie mit ihrem Leben anfangen wollen und treffen auch keine Entscheidungen. Einige wenige haben ihre Pläne klar definiert und ihre Vorgehensweise genau festgelegt. Und das setzen sie dann um, bis sie ihr Ziel erreicht haben. Diese letzte Gruppe schöpft ihr Potenzial am besten aus.

Wenn wir unsere Träume verwirklichen wollen, fangen wir am besten damit an, unsere Ideale in einer Tabelle übersichtlich festzuhalten. Wenn wir diese Übersicht anfertigen, kristallisieren sich allmählich auch die markanten Punkte heraus, auf die wir hinarbeiten müssen, und die Fußangeln, die wir umgehen sollten. Jeder Navigator muss sich nach einer Karte richten, wenn seine Reise sicher und erfolgreich verlaufen soll.

So definieren Sie Ihre Ideale

Beschließen Sie, Ihren kühnsten Traum zu einem Ideal zu machen und sich nicht um die Frage zu kümmern: »Was passiert, wenn es gar nicht das ist, was ich wirklich tun möchte?« Sie können jederzeit die Richtung ändern. Aber Sie nehmen dabei alles an Erfahrung, Selbsterkenntnis, Kraft und Mut mit und werden erreichen, was sich letztlich als Ihr tatsächlicher Wunsch herausstellt. Um das Beste für uns herauszuholen, sollte die Reise angenehm sein und mittlere und kleinere Ziele umfassen. Diese Ziele sollten erkennbar und erreichbar sein.

Wir beginnen dabei nicht mit dem ersten Schritt, sondern gehen direkt zum letzten Schritt, dem Ergebnis, unserem Traum, und stellen uns vor, wir hätten ihn bereits realisiert. Von dort aus verfolgen wir die einzelnen Schritte zurück und betrachten die Herausforderungen und Ziele, als lägen sie schon hinter uns. Wir haben so das Gefühl, die Erfahrungen noch einmal zu durchleben. Und wir können voller Zuversicht zurückblicken und alle Ängste und Befürchtungen, was uns auf diesem Weg in die Quere kommen könnte, beiseite schieben.

Legen Sie eine Pause ein und denken Sie einen Moment über Ihr mentales Vehikel nach. Überlegen Sie, auf welche Ebene Sie Ihr Engagement im besten Fall bringen können, und legen Sie diese als Ideal fest. Um Verwirrungen zu vermeiden, legen wir für jedes Ideal eine eigene Tabelle an, auch wenn Sie in ein- und demselben Bereich mehr als einen Traum realisieren möchten.

Wenn Sie Ihren größten Wunsch herausgefunden haben, können Sie die Zwischenziele festhalten, die Sie zum Erfolg führen. Beginnen Sie mit einer beliebigen Zahl – meine Lieblingszahl ist fünf – und fragen Sie sich: »Kann ich eines davon heute in Angriff nehmen?« Wenn ja, wird daraus eine Aufgabe. Wenn nein, bleibt es ein Ziel. Nehmen Sie nun ein bestimmtes Ziel heraus und wiederholen Sie diese Vorgehensweise, um die letzten fünf Schritte herauszufinden, die Sie zu diesem Ziel geführt haben. Können Sie einen dieser Schritte heute ausführen, kennen Sie damit Ihre Aufgabe(n) für heute. Ist das nicht möglich, haben Sie damit eine weitere Gruppe von Zielen. Es ist nicht unbedingt notwendig, dass alle in Frage kommenden Zwischenziele auf Ihrer Tabelle aufscheinen. Beginnen Sie mit denen, die Sie im Moment sehen, die anderen werden sich im Lauf der Reise von selbst ergeben.

Täglich eine Aufgabe

Der Schlüssel zu Ihrem Potenzial ist die tägliche Aufgabe. Jedes Ziel baut auf immer kleiner werdenden Zielen auf, bis die kleinste Aufgabe erkennbar wird. Es spielt keine Rolle, wie viele Träume Sie zu Idealen machen wollen. Die tägliche Aufgabe ist zum aktuellen Zeitpunkt immer einfach zu erledigen.

Die Entscheidungen, die wir treffen, um ein Ideal zu realisieren, sind einfache, kleine und auf den ersten Blick unbedeutende Handlungen. In ihrer natürlichen Entwicklung vereinigen sie sich zu einer starken Handlungskette, an deren Ende das Erreichen des Ziels steht. Die Summe dieser Ziele umfasst das Ideal in seiner Gesamtheit. Oft geraten Menschen in eine Sackgasse, weil sie unbedingt den einen radikalen Schritt finden wollen, der sie zu ihrem Ideal führt. Sie können diesen unmittelbaren Schritt nicht erkennen, weil sie dauernd an das Ergebnis denken. Und radikal ist das Ergebnis, nicht der Weg dorthin.

Jedes kleine Ziel bedeutet einen angenehmen Markstein auf der Reise. Angenehm ist hier das Schlüsselwort. Jemand hat vielleicht das Ideal, 50 Pfund abzunehmen. Fünf Pfund pro Woche sind ein schwieriges Ziel und daher auf die Dauer nicht durchzuhalten. Angenehmer und Erfolg versprechender ist es, ein Pfund pro Woche abzunehmen und das durchzuhalten, als 15 Pfund in drei Wochen abzunehmen und später alles wieder zuzunehmen. Es geht nicht nur darum, Gewicht zu verlieren, sondern sich auch eine gesündere Lebensweise anzugewöhnen. Ein Marathonläufer läuft nicht sofort 42 Kilometer am Tag, sondern steigert sich langsam von fünf Kilometern auf zehn und so weiter. Für einen 13jährigen Schüler, der einmal Diplomingenieur werden will, ist der Markstein das Abitur, das unmittelbare Ziel die Vorbereitung auf eine Geschichtsarbeit und die Aufgabe des Tages die Erledigung der Hausaufgaben. Um nicht irgendwann aufgrund moralischer, mentaler oder körperlicher Erschöpfung aufzugeben, müssen die Schritte angenehm sein und in dem Ihnen eigenen Tempo erfolgen. Aber sie müssen kontinuierlich ausgeführt werden.

Nachfolgende Tabelle zeigt ein verallgemeinertes Beispiel, wie man von einem Ideal ausgeht und sich von dort aus zu einer Einzelaufgabe zurückbewegt.

ZIELE/AUFGABEN

	Ziel	Ziel	Ziel	Ziel	Ziel
	Ziel	Ziel	Ziel	Ziel	Ziel
Ideal	Ziel	Ziel	Ziel	Ziel	Ziel
	Ziel	Ziel	Ziel	Ziel	Ziel
	Ziel	Ziel	Ziel	Ziel	Heutige Aufgabe

Sie werden sich mit Hilfe einer solchen Tabelle engagierter einsetzen und ihr Wunschziel früher erreichen als ohne Plan. Und Sie werden nicht nur über sich selbst hinauswachsen, sondern noch höhere Ideale entdecken. Hängen Sie Ihren Plan so auf, dass Sie ihn immer gut sehen können. Manche Ziele sind langfristige Projekte, andere kurzfristig zu erreichen. Wenn Sie alle gleichzeitig vor sich haben, erkennen Sie sofort jede Chance, eine Aufgabe, die zu einem der Ziele führt, zu erledigen. Manchmal sogar zu einem Ziel, das weit entfernt schien.

Mein ursprüngliches Ideal war nicht, ein Buch zu schreiben. Ich wollte einer moralischen Verpflichtung nachkommen und meine Erfahrungen an ein größeres Publikum weitergeben. Da ich oft selbst Vorträge und Seminare hielt, dachte ich, ich könnte Seminarleiter ausbilden. Nachdem ich das einige Jahre lang versucht hatte und entsetzlich gescheitert war, beschloss ich, mein ganzes Wissen in einem Fernkurs zusammenzufassen, und schließlich lautete mein Ideal, dieses Buch zu schreiben.

Um in einem Beispiel aus der Praxis zu erklären, wie man seine Ideale klar definieren und die Vorgehensweise festlegen kann, möchte ich Ihnen den Werdegang des Buches, das Sie in Händen halten, aufzeigen (siehe S. 152).

In einer zweiten Tabelle legte ich fest, wie ich in der Zeit des Schreibens meinen Lebensunterhalt bestreiten konnte. Ich suchte Leute, die Vorträge für mich organisierten und Kontakte zu den Medien herstellten. Der Plan verschaffte mir einen Überblick, wie ich mir Zeit zum Schreiben reservieren konnte. Diese Zeit in Sätze und Seiten umzumünzen, war die

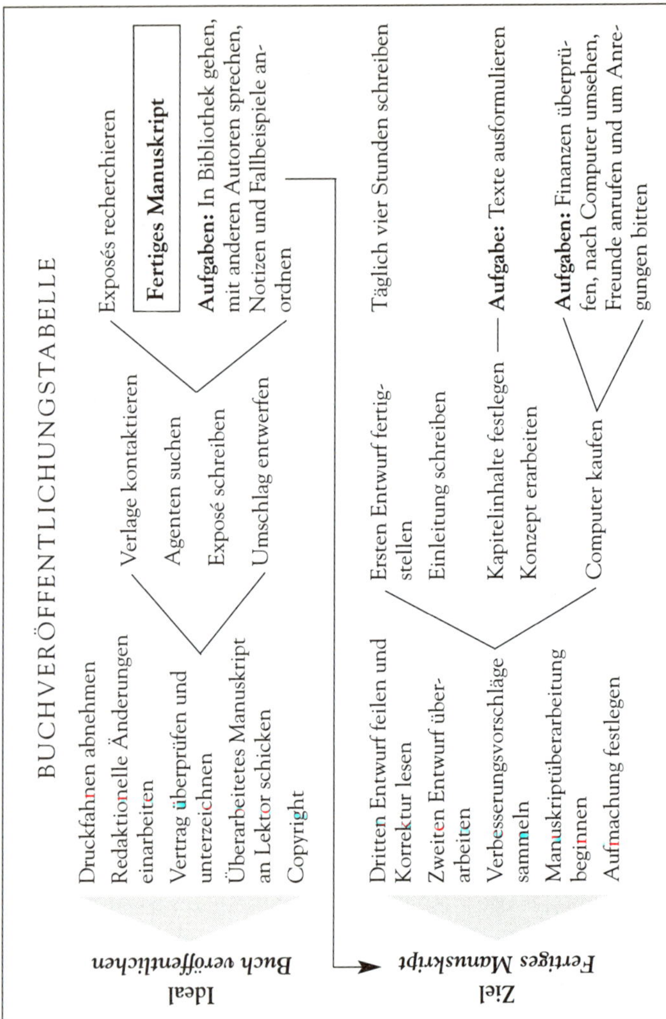
BUCHVERÖFFENTLICHUNGSTABELLE
Ideal
Buch veröffentlichen
Druckfahnen abnehmen
Redaktionelle Änderungen einarbeiten
Vertrag überprüfen und unterzeichnen
Überarbeitetes Manuskript an Lektor schicken
Copyright
Verlage kontaktieren
Agenten suchen
Exposé schreiben
Umschlag entwerfen
Exposés recherchieren
Fertiges Manuskript
Aufgaben: In Bibliothek gehen, mit anderen Autoren sprechen, Notizen und Fallbeispiele anordnen
Ziel
Fertiges Manuskript
Dritten Entwurf feilen und Korrektur lesen
Zweiten Entwurf überarbeiten
Verbesserungsvorschläge sammeln
Manuskriptüberarbeitung beginnen
Aufmachung festlegen
Ersten Entwurf fertigstellen
Einleitung schreiben
Kapitelinhalte festlegen
Konzept erarbeiten
Computer kaufen
Täglich vier Stunden schreiben
Aufgabe: Texte ausformulieren
Aufgaben: Finanzen überprüfen, nach Computer umsehen, Freunde anrufen und um Anregungen bitten

laufende tägliche Aufgabe, die mich auf mein Ideal, nämlich ein Buch zu veröffentlichen, hinführen sollte.

Vor der endgültigen Fertigstellung des Manuskripts lag das Ziel, ein Exposé zu schreiben. Als das Manuskript allmählich fertig wurde, begann ich, Kontakt mit Verlagen aufzunehmen. Alle namhaften Häuser erteilten mir eine Absage. Ich unterhielt mich mit einem meiner Schüler darüber, der Vizepräsident einer Firma in der Unterhaltungsindustrie war. Er hatte sich als Ideal vorgenommen, Sachbücher zu verlegen, die auf irgendeine Weise das Leben von Menschen bereichern konnten, und war schon seit über einem Jahr auf der Suche nach geeigneten Manuskripten. Dieses Gespräch war der Beginn unserer Zusammenarbeit.

Um auch ganz sicher zu sein, dass Sie im Lauf Ihrer Reise Ihren Seelenfrieden bewahren, möchte ich Ihnen an dieser Stelle einen Rat geben. Behalten Sie Ihre Ideale und die Strategie, die Sie sich vorgenommen haben, für sich und geben Sie nur so viel davon preis, wie unbedingt nötig ist, um an Informationen heranzukommen. Denn haben Sie einmal über Ihre Pläne gesprochen, werden Sie ganz gewiss zur Zielscheibe von Diskussionen. Ideale sind eine intime Angelegenheit. Sie brauchen keine Leute um sich herum, die sich über Ihre ambitionierten Pläne lustig machen.

Die Chance des Augenblicks

Wenn Ihnen klar definierte Ideale fehlen, können Sie eine Tabelle Ihrer momentanen Arbeit entwerfen und die Chance der gegenwärtigen Situation zu Ihrem Ideal machen. Es macht nichts, wenn Ihnen das, was Sie gerade tun, zuwider ist, denn ich werde Ihnen zeigen, wie Sie es als Transportmittel zu virtuosem Handeln nutzen können. Wenn Sie keine Arbeit oder keinen Beruf haben, halten Sie nach einer Beschäftigung Ausschau, egal ob Sie damit Geld verdienen oder nicht. Indem Sie Ihre momentane Situation idealisieren, werden Sie neue Fähigkeiten, neue Eigenschaften und Kräfte mobilisieren. Und parallel dazu eine neue Denkweise entwickeln, die Sie auf die nächste Entwicklungsebene transportiert, hin zu den neuen Chancen, die sich sehr wahrscheinlich für Sie ergeben werden.

Vor ein paar Jahren brachte meine Schülerin Marie ihre Schwester Kathleen zu ein paar Sitzungen mit. Kathleen hatte gerade einige unglückliche Schicksalswendungen hinter sich gebracht und war mit ihren vier Töchtern vom Mittleren Westen nach Kalifornien gezogen, um einen Neubeginn zu versuchen. Sie lebte von Sozialhilfe und wollte aus dieser Situation heraus. Weil Marie ihr helfen wollte, schlug ich ihr vor, sie solle in der kirchlichen Einrichtung, in der sie sich engagierte, ein Job-Gesuch aushängen. Die Einrichtung hatte Bedarf an einer Sekretärin und stellte Kathleen sofort ein. Ich riet ihr, ihre Arbeit so virtuos wie möglich anzugehen, indem sie deutlich größeren Einsatz zeigte, als verlangt wurde, und abzuwarten, was passieren würde. Schon nach wenigen Monaten waren die Schwestern der Einrichtung voll des Lobes für Kathleens bereitwilligen und effizienten Einsatz. Sie arbeite für vier, sagten sie. Eine Frau, die zufällig von diesem unglaublichen Engagement hörte, bot Kathleen eine Stelle als Empfangssekretärin in der Textilfirma an, in der sie selbst arbeitete.

Doch die Umstände waren schwierig. Kathleen brauchte ein Auto, um zu ihrer neuen Stelle zu gelangen, aber das neue Gehalt reichte nicht einmal für den Kauf eines Gebrauchtwagens. Marie und ihr Mann, die von Kathleens bisherigem Erfolg beeindruckt waren, beschlossen, ihr zu helfen. Sie kauften sich ein neues Auto und stellten das alte Kathleen zur Verfügung.

Wieder gab ich Kathleen den Rat, sich ihre neue Arbeit als Ideal zu setzen. Zunächst beklagte sie sich häufig darüber, dass so viel von ihr verlangt wurde, was gar nicht zu ihrem eigentlichen Aufgabenbereich gehörte. Ich sagte, sie würde damit auf eine neue Position hinarbeiten, die sie noch nicht erreicht habe. Sie lernte mehrere Berufe gleichzeitig, darunter auch die Auswahl der richtigen Artikel für Kaufhäuser, und bildete sich ganz nebenbei als Einkäuferin weiter. Nach einer zäh verlaufenden Verkaufssaison war die Firma gezwungen, einige Mitarbeiter zu entlassen. Kathleen hatte sich bis dahin aber schon unentbehrlich gemacht, sie wurde befördert und ersetzte gleich mehrere Mitarbeiter auf einmal. Nach einigen Jahren wollte sie wieder in ihre Heimatstadt zurück und informierte ihre eigene Firma sowie ihre Ansprechpartner in anderen Unternehmen, mit denen sie zusammenarbeitete, über ihre Umzugspläne. Daraufhin bot man ihr verschiedene höhere Positionen als ihre bisherige an, unter anderem als Einkäuferin mit doppeltem Gehalt. Das alles ermutigte sie sehr, konnte sie aber nicht von ihrem Vorhaben abbringen.

Nach dem Umzug in ihre Heimatstadt hatte sie Angst, keine Arbeit zu finden, weil es dort keine Textilindustrie gab. Ich riet ihr, ihre alte Firma und die Leute, die sie hatten abwerben wollen, um Empfehlungsschreiben zu bitten. Diese Zeugnisse öffneten ihr die Türen zu einer ganz neuen Karriere, nämlich als Leiterin einer medizinischen Klinik.

Es gibt viele Menschen, die klare Ideale haben, diese aber nicht erreichen, weil sie nicht von ihrer momentanen Situation ausgehen wollen. Auf einer meiner Reisen lief mir ein Mann über den Weg, der mir erzählte, er sei frustrierter Schriftsteller. Er könne sich noch ganz genau an alle Märchen und Geschichten erinnern, die er als Kind gehört hatte, und wollte diesen Schatz der Nachwelt erhalten. Ich gab ihm Recht und fragte ihn, was ihn denn am Schreiben dieses Buches so frustriere.

»Ich verdiene nicht besonders gut, also ging ich zu allen meinen reichen Verwandten und Freunden und erzählte ihnen von dem Buch. Alle hielten die Idee für großartig, aber keiner dieser Ignoranten bot sich an, das Buch zu verlegen! Das war vor 20 Jahren, und ich leide noch heute unter der Enttäuschung. Die sind schuld, dass ich mein Buch nicht geschrieben habe. Und das schlimmste daran: es ist ihnen nicht einmal bewusst.«

Ich vermute, Sie sind sich bewusst, dass dieser Mann ein professionelles Opfer war. Sicher hatte er das Zeug zum Schriftsteller, sonst hätte er das Schreiben gar nicht erst in Erwägung gezogen. Doch er wollte von einem höheren Ziel aus beginnen, nämlich bereits über das Geld zur Veröffentlichung des Buches zu verfügen, ehe er sich an die tägliche und grundlegende Arbeit machte, Sätze zu formulieren.

Ich verlange von meinen Schülern, einen Plan zu machen, der sie zu ihren Idealen hinführt. Nur mit einem solchen Plan kommt man in die Gänge. Ich bin immer wieder erstaunt, aber nie schockiert, was für einen enormen Einfluss diese einfache Übung auf meine Schüler hat. Es gibt nichts, was einer solchen Begegnung mit der eigenen Zukunft gleichkommen könnte.

Indem Sie Ihre Ideale auf einer Tabelle festhalten, beginnen Sie, sich ernsthaft um sich selbst zu kümmern. Das Niederschreiben auf Papier wirkt wie ein Zauber, der uns regelrecht dazu verleitet, unser Potenzial zu ergründen. Ein Grundgerüst bringt Ordnung in unsere Gedanken und wir brauchen den ganzen Plan nicht dauernd in unserem Kopf herumzutragen und immer wieder neu zu entwirren, wenn wir darüber nachdenken wollen. Mit einer Tabelle schließen wir einen Vertrag mit uns selbst und sie erinnert uns daran, dass wir für unser Schicksal selbst verantwortlich sind.

Manchmal werde ich gefragt: »Was ist, wenn sich meine Ideale ändern?« Großartig, kann ich in diesem Fall nur antworten, denn die Entdeckung des eigenen Potenzials kann Sie an Kreuzungen führen, an denen sich ganz plötzlich eine viel aufregendere Möglichkeit auftut. Zeit und Mühe, die Sie auf Ihr ursprüngliches Ideal verwendet haben, sind aber nie vergebens, denn der Lernprozess, den Sie dabei durchlaufen haben, und die Kraft, die Sie dadurch entwickelt haben, führen Sie zum nächsten Ideal.

Ziele können sich ändern, und unerwartete Aufgaben offenbaren sich als die nächste Chance, das neue Ziel zu erreichen. Als es eines meiner ersten Ideale war, einen Fernkurs zu entwickeln, lautete eine Tagesaufgabe, Angebote von Papierherstellern einzuholen. Der Mann, der bei meinem ersten Anruf am anderen Ende der Leitung saß, war ziemlich ungeduldig, weil ich so wenig über die Materie Bescheid wusste. Er machte eine abfällige Bemerkung und sagte, er könne seine Zeit nicht mit unintelligenten (eigentlich benutzte er ein anderes Wort) Fragen verschwenden und ich solle mir jemand anderen suchen. Parallel dazu hatte ich aber auch das Ideal, mehr persönliche Stärke zu entwickeln, wozu sich nun die Gelegenheit ergab. Ich ergriff sie.

»Ich bin eine potenzielle Kundin, und Ihre Firma bietet eines der besten Papiere an. Würden Sie also bitte so freundlich sein, mich mit einem Verkaufsmitarbeiter zu verbinden, der weiß, was sich gehört? Ich werde solange warten«, antwortete ich.

»Ich bin der Chef dieser Firma«, brüllte er daraufhin los, und ich konnte hören, wie er mit der Faust auf den Tisch schlug. Eigentlich hätte ich der Firma gerne mein Beileid ausgesprochen, doch ich hielt mich zurück.

»Bitte verbinden Sie mich mit einem Verkäufer, der weiß, was sich gehört, ich warte«, wiederholte ich. Er beruhigte sich, fragte mich nach meiner Telefonnummer und rief nach ein paar Minuten zurück. Diesmal gab er mir mit dem nötigen Respekt alle Informationen, die ich brauchte. Die Kosten und die Verantwortung, die mit einem Fernkurs verbunden waren, überstiegen das, worauf ich mich einlassen wollte, denn dann hätte ich meine Lehr- und Vortragstätigkeit aufgeben müssen. Daraufhin begann ich ernsthaft, über dieses Buch nachzudenken.

Moralische Ideale

Unser persönliches Potenzial auszuschöpfen bedeutet für jeden von uns, das hochkalibrigste Individuum zu werden, das wir uns vorstellen können. Wir können uns die Tugenden aussuchen, die wir als moralisches Vehikel fördern und entwickeln wollen und dadurch die Ideale, die unser mentales Vehikel ausmachen, erreichen. Ihre Liste kann Aufrichtigkeit, Mut, Höflichkeit, Selbstvertrauen und Verantwortungsgefühl beinhalten. Sie können aber auch eines dieser Elemente als Ideal herausgreifen, es auf die Werte reduzieren, die zu seiner Realisierung notwendig sind, und diese dann als Ziele anführen.

Tugenden *»Ich bin …«*	**Ziele** *»Ich möchte …«*	*»Ich muss …«*
verantwortungsvoll	an mir arbeiten	jeden Tag meine fünf Schritte ausführen
ehrlich	mich öfter zu Wort melden	alleine üben
mutig	mehr ausprobieren	heute Abend einen Spaziergang machen
dankbar	öfter andere Menschen treffen	Freunde anrufen
großzügig	mehr Bildung erwerben	in die Bibliothek, in die Oper, ins Theater gehen
	mehr Interessen entwickeln	Ballettschulen anrufen

Auf einer anderen Prioritätenliste könnten Ausdrucksfähigkeit, Unerschütterlichkeit, Großzügigkeit, Beständigkeit, Intelligenz und Hingabe ganz oben stehen. Es spielt wirklich keine Rolle, welche Tugenden Sie zu Idealen machen, denn sie stehen alle miteinander in Verbindung und verschmelzen im Stadium der Virtuosität zu einer Einheit.

Angenommen unser Ideal heißt Führungsqualitäten zu entwickeln. Wenn wir eine Liste mit den für eine Führungsperson wichtigen Eigenschaften machen, werden wir sehr schnell entdecken, dass es sich um genau die Dinge handelt, die uns auf die höchste für uns erreichbare Ebene der Vollendung führen. Unsere erste Prioritätenliste enthält vielleicht Ziele wie Organisationstalent, Entschlossenheit, Hilfsbereitschaft, klare Kommunikation und Würde auch unter Druck. Größe könnte dann als Nahziel definiert werden, und wir könnten eine zweite Liste von Eigenschaften erstellen, auf der zum Beispiel Gelassenheit und Sorge um andere ganz oben stehen. Wir könnten eine weitere Liste für Mut aufstellen, die vielleicht Sorge um andere enthält. Wenn wir auf diese Weise fortfahren und all jene Qualitäten auflisten, die eine Person mit Führungsqualitäten letzten Endes ausmachen, werden wir ganz automatisch feststellen, wie Verantwortungsbewusstsein mit Entschlossenheit zusammenhängt, Hilfsbereitschaft mit anderen Eigenschaften und so weiter. Aber Sie brauchen nicht an der Spitze einer Vereinigung zu stehen, um nach den Idealen einer Führungsperson zu streben. Sie werden zur Führungsperson, sobald Ihr Beispiel anderen Respekt abfordert und man Sie nach Ihrer Meinung fragt.

Was im Leben zählt

Manche Menschen mögen die Arbeit, mit der sie ihren Lebensunterhalt verdienen, nicht besonders gern. Doch wie wir bereits gesehen haben, kann jeder Job die Basis bieten, von der aus Sie in neue Chancen hineinwachsen. Und immerhin sorgt er dafür, dass die Rechnungen bezahlt werden.

Gerald kam aus dem gleichen Anlass zu mir, wie so viele andere auch: er steckte fest. Er war von Natur aus ein äußerst disziplinierter Mensch. Ein paar Stunden des gemeinsamen Gesprächs und ein paar Hausaufgaben lenkten ihn wieder in die richtigen Bahnen. Solange er zurückdenken konnte, strebte er als mentales Ideal eine Karriere als Musiker im klassischen Genre an, doch seine Eltern verlangten von ihm, die Familientradition fortzuführen und Anwalt zu werden. Sein eigentlicher Wunsch blieb aber lebendig und als Teenager fing er an, heimlich bei einem Freund Klavierunterricht zu nehmen. Nach der Highschool fügte er sich dem Wunsch der Eltern und schrieb sich an der Universität für Jura ein. Am Tag seiner Abschlussfeier drückte er seiner Mutter das Examenszeugnis in die Hand und reiste nach Europa, um dort seine musikalische Ausbildung fortzusetzen. Nachdem er sich dort einen guten Namen erworben hatte, kehrte er in die Vereinigten Staaten zurück, um nach neuen Möglichkeiten Ausschau zu halten, wie er seine Idealvorstellung weiter verwirklichen könnte.

Als ich Gerald kennen lernte, befand er sich in einer sehr schwierigen Lebensphase, aus der er keinen Ausweg sah. Er konnte die Raten für Haus und Klavier nicht bezahlen, hatte kein Geld, um Lebensmittel zu kaufen oder Rechnungen zu begleichen. Eine kreative Blockade hinderte ihn daran, an einem Violinkonzert, das er zu einem Drittel komponiert hatte, weiterzuarbeiten. Ab sieben Uhr morgens saß er am Klavier, um zu komponieren, fühlte sich aber körperlich zu schwach und von seinen Problemen so belastet, dass er sich nicht konzentrieren konnte. Er war zu nichts anderem fähig, als vor sich hinzubrüten und auf das Knurren in seinem Magen zu horchen. Am vordringlichsten brauchte er Geld, also fragte ich ihn, mit welcher Art von Arbeit er sich und seine Kunst fortbringen könne. Er antwortete, er habe seine Prinzipien und sei nicht bereit, andere Musik zu komponieren, weil er dann das Gefühl hätte, sich zu prostituieren.

Früher hatte er sich mit dem Komponieren von Musik für Shows in Las Vegas und Fernsehsendungen über Wasser gehalten. Als er mit der Arbeit an seinem Konzert begann, hörte er damit auf. Doch nun war ihm klar, dass es schlimmer war, ohne jeden Pfennig dazustehen. Allmählich verstand er, dass sich für ein Ideal engagieren auch bedeutet, alles zu tun, was dem Erreichen dieses Ideals dienlich ist. Er erkannte, das es eigentlich ein Segen für ihn war, andere Musik als klassische schreiben zu können, wenn ihm das half, seine wirklichen Wünsche zu realisieren. Von nun an teilte er sich seine Zeit so ein, dass er sowohl für die Arbeit, mit der er seinen Lebensunterhalt verdiente, als auch für das Komponieren klassischer Musik genügend Freiraum hatte. Oft erkennen wir den nächsten Schritt nicht, weil er nicht dem entspricht, was wir gerne tun möchten. Gerald gilt heute in der Welt der klassischen Musik als großes Talent, und das kommt zu keinem geringen Teil daher, dass er sich einmal entschieden hat, seine Rechnungen zu bezahlen und regelmäßig zu essen.

Es ist nie zu spät

Manche Menschen stehen schon in jungen Jahren in ihrer vollen Blüte, andere in der Mitte des Lebens und wieder andere erreichen ihr volles Potenzial erst in fortgeschrittenem Alter. Grandma Moses begann erst jenseits der 70 zu malen und blieb mit großem Erfolg dabei, bis sie 100 war. Um die Verwirklichung eines Ideals anzupacken ist jeder Zeitpunkt der richtige. Mein bisher jüngster Schüler war acht Jahre alt, mein ältester 68.

Bei einem Seminar, das ich vor einigen Jahren im Ausland hielt, lernte ich die damals 75jährige Mrs. Montoya kennen. Sie selbst hatte die Schule nur bis zur zweiten Klasse besucht, aber ihre fünf Söhne hatte sie der Reihe nach durch die Universität gebracht. Drei Jahre bevor wir uns kennen lernten, war Mrs. Montoyas Ehemann gestorben, woraufhin sie ihr

Haus abschloss, die schwarze Trauerkleidung anlegte, wie es in ihrer Kultur Tradition war, und zu ihrer Tochter zog, um auf ihren eigenen Tod zu warten. Ich traf Mrs. Montoya, weil vier ihrer fünf Söhne vorhatten, ein Seminar bei mir zu belegen, und sie mit ihnen zur Einführungsveranstaltung kam. Ich lud sie ein, das Seminar mitzumachen. Zuerst zögerte sie, weil sie kaum des Schreibens mächtig war, ließ sich aber unter der Bedingung überreden, dass ich die Notizen für sie machte. Das war für mich in Ordnung. Sie hörte aufmerksam zu, nickte von Zeit zu Zeit mit dem Kopf und zeigte freundlich lächelnd auf das vor mir liegende Notizbuch. Sie kam immer pünktlich und strengte sich unglaublich an, um mehr aus sich zu machen. Die Disziplin, die sie sich im Lauf ihres Lebens angeeignet hatte, machte sie zur idealen Schülerin.

Zur vorletzten Unterrichtsstunde erschien sie nicht. Ihre Söhne wussten nicht, wo sie war, und allmählich begannen wir, uns Sorgen zu machen. Mit einer Stunde Verspätung traf Mrs. Montoya schließlich außer Atem und ziemlich aufgeregt bei uns ein. Sie war in ihrem Haus gewesen und hatte eine Putzfirma, Maler und einen Gärtner mit neuen Pflanzen dorthin bestellt. Eine Schneiderin war mit Modejournalen gekommen und hatte den Auftrag erhalten, mehrere Kleider, alle in sanften Pastelltönen, zu nähen.

»Jeden Tag fünf Schritte«, erklärte mir Mrs. Montoya, »waren nicht genug. Ich bin alt und habe einiges nachzuholen.« Sie unternahm täglich mindestens 15 Schritte. Sie wollte so weit wie möglich über sich hinauswachsen, solange wir noch zusammenarbeiteten, weil sie Angst hatte, es ohne meine Ermutigungen nicht zu schaffen.

Ich habe selten erlebt, dass sich jemand so schnell wandelt, aber der Erfolg geht nicht auf mein Konto. Menschen wachsen wegen ihrer eigenen Anstrengung, nicht wegen meiner. Das eigene Potenzial auszuschöpfen, ist eine individuelle Erfahrung, die jeder für sich allein machen muss.

Als ich zwei Tage später im Flughafen am Check-in-Schalter stand, eilte Mrs. Montoya auf mich zu. Sie trug ein pfirsichfarbenes Kleid, in dem sie ausgesprochen attraktiv aussah. Sie schenkte mir zwei Vasen, damit ich sie »immer in Erinnerung behalten« würde. Als ob ich sie je vergessen könnte.

Wochen später sprach ich mit Schülern aus ihrer Gruppe, die mir erzählten, dass Mrs. Montoya inzwischen der Star ihres Bekanntenkreises sei und jedermann sie um Rat fragte. Als anerkannte Führungsperson war sie nun die Programmdirektorin und organisierte alle möglichen Aktivitäten und Ausflüge. Seniorengruppen waren in ihrem Land bis dahin unbekannt und sind bis heute nicht an der Tagesordnung. Mrs. Montoya entdeckte nicht nur ihr Potenzial als Führungspersönlichkeit, sondern auch als Pionierin auf dem gesellschaftlichen Parkett.

Wir können den Ruf, unser Leben voll und ganz auszuschöpfen, ignorieren – aber er wird uns nicht in Ruhe lassen. Wir versuchen es zu vertuschen, wenn wir unser Potenzial nicht nutzen. Wir entschuldigen uns für unseren mangelnden Einsatz oder behaupten, unsere Träume seien zu hochfliegend, als dass unsere Kapazitäten dafür ausreichten. Wenn sich Menschen damit abfinden, dass es für sie zu spät sei, noch etwas aus ihrem Potenzial zu machen, verfallen sie in Selbstmitleid. Ihr stumpfer Blick ist Ausdruck einer hoffnungslosen, ausgehöhlten Existenz. Wenn ich diesen Blick in den Augen junger Menschen erkenne, macht mir das Angst. Es ist traurig, einen 20-Jährigen erleben zu müssen, der zutiefst unzufrieden ist, weil er drei oder vier Jahre seines Lebens untätig und orientierungslos vergeudet hat und nun glaubt, es sei zu spät, aus seinem Leben noch etwas zu machen.

Nicht wünschen, sondern handeln

Ein Traum wird zum Ideal, wenn wir beginnen, täglich etwas dafür zu tun. Ohne Aktivität gibt es auch kein Ideal. Wenn wir uns eine wichtige Chance herbeisehnen, müssen wir kleine Handlungen mit größerer Sorgfalt ausführen und uns damit auf die Veränderungen vorbereiten, die wir selbst herbeiführen. Möchten wir, dass sich die neuen Möglichkeiten schneller auftun, müssen wir das Tempo steigern und die Zahl der täglichen Aufgaben erhöhen. Je mehr Erfolge wir aufgrund unserer Bemühungen haben, desto stärker wächst unser Vertrauen.

Sein Ego durch Reichtum oder Ruhm aufzuwerten, ist alles andere als ein Ideal. Doch weil viele Menschen Ideale mit Einbildung verwechseln, beneiden sie andere um deren Erfolge.

Wir können aber die Beiträge anderer nicht einfach übernehmen, weil sie auf deren ganz persönlichem Potenzial basieren. Die einzige Möglichkeit, das Potenzial des anderen zu stehlen, wäre, dieser andere zu sein – und das ist unmöglich.

Von den amerikanischen Ureinwohnern ist folgende Geschichte von zwei Indianerhäuptlingen und ihren Stämmen überliefert: Das eine Volk lebte ganz oben auf einer Klippe, das andere an deren Fuß. Der Häuptling oben konnte auf den Stamm unten hinunterschauen und sah, wie jene im Überfluss lebten, während sein eigener Stamm am Existenzminimum dahinvegetierte. Tag und Nacht lag er auf der Lauer, um hinter das Geheimnis zu kommen, warum es den anderen so gut ging. Eines Nachts stand er spät noch einmal auf um hinunterzuschauen und sah, wie der andere Häuptling unten lange, lange Zeit einen Nagel zwischen seinen Handflächen rieb. Nacht für Nacht beobachtete er dieselbe Szene. Langsam und methodisch wurde der Nagel wie ein kostbarer Stein gehätschelt. Der Häuptling von oben folgerte also, dass der Nagel magische Kräfte besitze und für das Wohlergehen des anderen Stammes verantwortlich sei. Eines Nachts wartete er so lange, bis er sah, wo der Häuptling den Nagel versteckte. Früh am nächsten Morgen versammelte der neidische Häuptling seine Krieger um sich, um einen Überfall zu planen, der den Zaubernagel in ihren Besitz bringen sollte.

Am Tag darauf stürmten sie spät abends das Dorf unten und holten sich den Nagel. Es war eine schreckliche Schlacht und der Häuptling des unteren Stammes wurde getötet. Die siegreichen Krieger kehrten in ihr Dorf auf dem Gipfel zurück und wollten nun mit Hilfe des Nagels Reichtum und Erfolg anhäufen.

Doch nichts änderte sich. Der Nagel besaß keinerlei magischen Kräfte. Der Häuptling des unteren Stammes hatte nur aus Gewohnheit an dem Nagel gerieben, während er darüber nachdachte, wie er seinem Volk Gutes tun könne.

Wenn jemand Erfolg hat, stellen sich aggressivere Träumer gerne vor, sie seien in der Lage, das Gleiche zu tun und es sogar noch besser zu machen. Sie glauben, eine Handlungsweise einfach übernehmen und effektiv einsetzen zu können, um das Begehrte ohne Mühe zu erlangen. Haben sie es sich mit Erfolg angeeignet, wollen sie den, der es geschaffen hat, möglichst schnell loswerden. Doch in so gut wie allen Fällen können sie das an sich Gerissene nicht erhalten und es stirbt allmählich ab. Die Arroganz des Eroberers ist in der Regel so groß, dass er keinerlei Skrupel hat, seine Wünsche als ernstgemeinte Vorhaben auszudrücken. Darin sieht er sein Ideal. Seien Sie gewarnt: Erfolgreiche kreative Menschen haben immer Raubtiere um sich, die ihnen auflauern.

Ich habe schon mehrere Kunstprofessoren kennen gelernt,

die mir von Erfahrungen mit Schülern erzählten, für die sie die Rolle eines Mentors übernommen hatten. Sie suchten sich Studenten aus, die über ein gewisses Talent und ein halbwegs ausgeprägtes Maß an Ethik verfügten. Letzteres äußerte sich darin, dass die Schüler Authentizität, Dankbarkeit und Wissbegier bewiesen. Sie erzählten aber auch von Opportunisten, die sich nicht wirklich für ihre Ausbildung engagieren konnten oder wollten und ihre Gier, alles an sich zu reißen, so gut wie möglich zu vertuschen suchten.

Zuweilen sind es auch die Opportunisten, die das Sagen haben. Carlos arbeitete für eine Firma in Lateinamerika im mittleren Management. Er gehörte dem Unternehmen praktisch seit seiner Gründung an, kannte alle Geschäftsbereiche, konnte notfalls für jeden Mitarbeiter einspringen und übernahm mit großer Sorgfalt die Verantwortung, die man ihm übertrug. Zu seinen Aufgaben gehörte die interne Ausbildung von Mitarbeitern, die neu in die Firma kamen und in höheren Positionen als er eingesetzt wurden. Viele Jahre lang wartete Carlos auf eine Beförderung. Immer wenn eine bessere Position frei wurde, machte er sich Hoffnungen, und war am Boden zerstört, wenn ihm schließlich wieder die Aufgabe übertragen wurde, jemand anderen für diese Position fit zu machen.

Nun war er um die 40, fühlte sich betrogen, hasste die Firma, gab ihr die Schuld an seiner Situation und überlegte ernsthaft, etwas zu ändern. Für Carlos war das tägliche Fünf-

Schritte-Programm nur der Startschuss zu einem Marathon, der ihn innerlich festigte. Seine äußere Erscheinung veränderte sich innerhalb von nur zwei Wochen merklich, der Rücken war gestreckt, die Augen sprühten und die Stimme klang entschlossener.

Er vereinbarte einen Gesprächstermin mit seinen Vorgesetzten, bei dem er sein Anliegen professionell vorbringen wollte. Er machte deutlich, wie gut er die Firma kannte und dass er keinerlei Zweifel hatte, die größere Verantwortung einer höheren Position tragen zu können. Zu dem Gespräch brachte er eine Auflistung sämtlicher Aufgaben mit, die er schon bewältigt hatte, sowie all jener, die er über seinen eigentlichen Aufgabenbereich hinaus wahrnahm – alles in allem ein Katalog langjähriger überragender Leistungen.

Seine Vorgesetzten kannten ihn als zuverlässigen Mitarbeiter, aber auch als schwachen, unterwürfigen Menschen und dachten, er habe keine anderen Möglichkeiten, außer sich in einer anderen Firma mit einer schlechteren Position zufrieden zu geben. Da sie mit dem Status quo zufrieden waren, lehnten sie Carlos' Bitte um Beförderung ab. Als er sagte, in diesem Fall würde er kündigen, schlugen sie ihm vor, er solle sich das noch einmal in Ruhe überlegen. Seine neue Entschlossenheit überraschte sie umso mehr, als Carlos die sofortige Kündigung bekräftigte.

Begeistert von seinem ungeahnten Potenzial gründete Carlos eine eigene Firma. Bereits nach drei Monaten war klar, dass er sich für seinen ehemaligen Arbeitgeber zu einer ernst zu nehmenden Konkurrenz entwickeln würde, die ihm auch noch, ohne es zu wollen, eine Flut verärgerter Mitarbeiter zuführte, die lieber für Carlos arbeiten wollten. Doch der Verlust kompetenter Mitarbeiter war nicht das einzige Problem der alten Firma. Viele wichtige Kunden wollten keinen anderen Ansprechpartner als Carlos, weil sie seine effiziente und respektvolle Art schätzten. In einem Akt der Verzweiflung boten ihm seine ehemaligen Vorgesetzten einen Teilzeitvertrag in beratender Funktion an, und wollten ihm dafür beinahe genauso viel bezahlen wie er vorher für eine ganze Stelle bekommen hatte. Carlos lehnte ab. Daraufhin boten sie ihm eine neue Position mit noch höherem Gehalt und einem Titel an, der seinem tatsächlichen Wert für die Firma entsprach.

Dieses Angebot war so attraktiv, dass Carlos es akzeptieren musste, allerdings mit einigen zusätzlichen Bedingungen. Alle Angestellten, die zu ihm gewechselt waren, sollten wieder eingestellt und seinem Team zugeordnet werden und außerdem höhere Gehälter bekommen. Die Art, wie er für seine Interessen eintrat, ließ keine Zweifel mehr offen, dass Carlos wusste, wer er war und sich nicht mehr herumschieben ließ. Nun erhielt er die Anerkennung und den Respekt, die ihm schon lange zugestanden hatten.

Später erzählte mir Carlos im Vertrauen, dass er insgeheim erleichtert war. Die eigene Firma aufzubauen war ein mörderisches Unterfangen, das ihn den ganzen Tag voll und ganz in

Anspruch genommen und ihm nachts den Schlaf geraubt hatte. Das sei eine gute Schule für die neue Führungsposition in der alten Firma gewesen. Notfalls hätte er den eigenen Betrieb auch weitergeführt, aber die größere Sicherheit in einem anderen Unternehmen war ihm lieber.

Jede Person schöpft ihr Potenzial so weit aus, wie es ihrem momentanen Entwicklungsstand entspricht. Ein Ideal ist etwas ganz Individuelles, was jeder für sich wählen muss. Wir dürfen auch nicht auf die Zustimmung oder Unterstützung anderer bauen. Wenn man uns ermutigt, können wir dafür dankbar sein. Doch unsere Entwicklung hängt nicht davon ab, was andere tun oder sagen. Und die anderen sind auch nicht Schuld, wenn wir unsere Erwartungen nicht erfüllen können.

Die wirklich wichtigen Veränderungen

Wenn Sie Ordnung in Ihre Ideale gebracht haben, haben Sie die Energie eines Menschen, der ein erfülltes, pulsierendes und entschlossenes Leben führt. Sie werden spüren, dass Ihre neue Lebenseinstellung andere Reaktionen hervorruft. Man wird Ihnen mehr Respekt und Bewunderung entgegenbringen. So mancher ist von Menschen, die mit Idealen leben, fasziniert – und sei es nur, weil er sich heimlich wünscht, sie fallen zu sehen.

Wenn wir unseren Idealen treu sind und täglich die Aufgaben ausführen, die zu ihrer Erreichung und Erhaltung notwendig sind, schöpfen wir unser Potenzial aus. Nun ist es an der Zeit, unsere Ideale zu definieren. Nur Sie selbst kennen Ihre Leidenschaften. Und nur Sie werden erfahren, wie niederschmetternd das Scheitern ist.

1. *Was das moralische Vehikel betrifft:* Schreiben Sie alle Tugenden auf, für die Sie etwas tun wollen.
2. *Was das mentale Vehikel betrifft:* Schreiben Sie alle Fähigkeiten und Kenntnisse auf, die Sie haben möchten, alles, was Sie ändern möchten und was Ihr Beitrag für eine bessere Welt sein soll.

KAPITEL 7

Zwei starke Säulen

Nur starke Persönlichkeiten haben starke Visionen • Drei Kategorien von Entscheidungen • Die große Angst • Respekt vor dem eigenen Wort • Warum verbindliche Aussagen wichtig sind • Die Kraft unserer Ausdrucksweise • Wie unsere Ideale größeres Gewicht erhalten • Die Rücktrittsklausel

Wie oft haben Sie schon eine Unterhaltung wie folgende geführt?

»Hallo Linda, treffen wir uns doch demnächst mittags zum Essen.«

»Gute Idee. Wann?«

»Ich ruf dich an.«

»Gut, John, wann rufst du an?«

»Irgendwann nächste Woche.«

»Wann nächste Woche?«

»Anfangs der Woche, Montag…, nein, vielleicht ist Dienstag besser.«

»Also Dienstag?«

»Ich glaube ja.«

»Um welche Zeit rufst du an?«

»Hm, vormittags?«

»Welche Uhrzeit?«

»Ach, so gegen zehn oder halb elf.«

»Prima, dann freue ich mich auf deinen Anruf Dienstag bis elf Uhr.«

Man könnte meinen, eine Verabredung zum Mittagessen sei eine simple Angelegenheit. Doch viele von uns haben sich über die Jahre hinweg ein ganzes Repertoire schlechter Angewohnheiten zugelegt und sind mit ihren Verpflichtungen immer nachlässiger geworden – wir lassen sie fallen, wie es uns gerade in den Kram passt. Unsere Worte haben kein Gewicht mehr, weder für uns selbst noch für andere. Manche hören sich selbst Versprechungen machen und merken ganz plötzlich, dass sie gar nicht die Absicht haben, diese auch zu halten. Andere erkennen das und reagieren entsprechend.

Unverbindlichkeit eignet sich nicht, um große Ambitionen voranzutreiben, und so wird unser Ehrgeiz in enge Schranken verwiesen. Keiner mag inkonsequentes Verhalten, nicht einmal die Inkonsequenten selbst.

Meine ehemalige Schülerin Shirley war in einen Mann verliebt, der zwei Freundinnen hatte, eine von beiden war sie. Er machte keiner der Frauen gegenüber ein Geheimnis daraus und empfand die daraus entstehenden Eifersüchteleien als unterhaltsam und schmeichelhaft. Die Rivalinnen buhlten leidenschaftlich um ihn. Jede hoffte, ihn für sich allein zu haben, wenn sie nur lange genug abwartete. Diese Ménage à trois trat seit Jahren auf der Stelle, und je länger die Frauen miteinander konkurrierten, desto größer wurden die gegenseitige Ablehnung und Wut. Schließlich stellte Shirley dem Mann ein Ultimatum: entweder er würde sich für sie entscheiden, oder sie würde sich sofort von ihm trennen. Mit großem Pathos kündigte der Freund an, er müsse sich in die Berge zurückziehen, um nachzudenken.

Ich traf Shirley ein paar Tage vor diesem Rückzug und unterhielt mich mit ihr darüber, was sie unter persönlicher Würde verstand und was für ein hoher Preis die Erniedrigungen waren, die sie für die Liebe dieses Mannes in Kauf zu nehmen bereit war. Ich sagte, dass eine aufrichtige Person niemals einen geliebten Menschen so demütigen würde, wie es ihr Freund mit ihr getan hatte. Er empfand weder vor ihr noch vor sich selbst wirklichen Respekt. Dann erzählte ich ihr die Fabel vom Bauern und vom Esel:

Um sich das Füttern seines Esels leichter zu machen, lud der Bauer an zwei entgegengesetzten Enden seines Hofes jeweils einen Heuballen ab. Der Esel konnte sich nicht entscheiden, welchen Ballen er zuerst auffressen sollte. Er spazierte zu dem einen Ballen, drehte sich um, warf einen Blick auf den anderen und machte sich auf den Weg zu diesem. Je näher er an den einen kam, umso mehr Lust bekam er auf den anderen. So schleppte er sich zwischen den beiden Ballen hin und her, bis er schließlich vor Erschöpfung zusammenbrach und zwischen den Heuballen verhungerte.

Shirleys Gesicht verfärbte sich rot vor Zorn. Schnell und ohne Wenn und Aber traf sie die Entscheidung, die Beziehung zu ihrem hin- und hergerissenen Freund abzubrechen. Sie entzog ihm sozusagen den einen Heuballen. Als Shirley ihn verlassen hatte, interessierte ihn auch die andere Frau nicht mehr, und er trennte sich von ihr.

Bald danach kam der Mann zu mir. »Ich bin so unglücklich«, begann er.

»Sie? Aber Sie sind es doch, der die beiden anderen gedemütigt hat.«

»Sie wollten es nicht anders. Es war irgendwie aufregend zu erleben, wie sich die beiden wegen mir hassten. Nun kommt mir mein ganzes Leben mies vor. Früher war ich wichtig.«

Wir sehen also, dass die Entscheidung der einen Frau wieder einmal einen Esel zu Fall gebracht hatte.

Nicht weil sie schwach sind, fällt es den meisten Menschen schwer, Entschlossenheit zu zeigen, sondern weil sie nicht klar unterscheiden können. Und manche können zwar unterscheiden, sind aber unentschlossen, weil sie gegensätzliche und widersprüchliche Ziele anstreben. Wieder andere wissen genau, was sie wollen, sind aber nicht stark genug, ihre Wünsche zu verfolgen.

Solange wir nicht lernen, richtige und klare Entscheidungen zu treffen, stoßen wir immer wieder auf neue Hindernisse und haben Angst, Risiken einzugehen. Risikobereitschaft setzt eine klare Sicht der Dinge und Entschlossenheit voraus.

Nur starke Persönlichkeiten haben starke Visionen

Reverend Tim Storey aus Los Angeles brachte das Phänomen, dass Menschen oft etwas wollen, aber nicht bereit sind, die nötige Ausdauer dafür aufzubringen, folgendermaßen auf den Punkt: »Viele sind ihren Visionen nach Schwergewichte, aber dem Charakter nach Fliegengewichte.«

So wie wir unseren Körper täglich trainieren müssen, um physische Kraft und Energie aufzubauen, müssen wir auch unseren Verstand täglich üben, um die Entscheidungen treffen zu können, die uns zu unseren Idealen führen. Wenn wir uns bewusst machen, wie wir unsere täglichen kleinen Entscheidungen treffen, entwickeln wir die Ausdauer, jederzeit rasch kluge Entscheidungen treffen zu können. Kleine Entscheidungen, die uns gut gelingen, bereiten uns auf die komplizierteren vor, die auf uns zukommen werden.

Oft leben Menschen ohne Entschlossenheit in dem Glauben, sie seien ein Leben lang zu unintelligenten Entscheidungen und Fehlschlägen verdammt. Sie vermuten, dass mit ihnen etwas nicht in Ordnung ist, und – da sie nichts von ihren Fähigkeiten und Talenten wissen – dass sie nicht für die Entwicklung der eigenen Persönlichkeit verantwortlich sind.

Drei Kategorien von Entscheidungen

Entscheidungen und Engagement sind die beiden Säulen, auf denen unsere Persönlichkeit ruht. Ein harmonisches, glückliches und erfolgreiches Leben ist das Ergebnis klarer und sicherer Entscheidungen und der Entschlossenheit, diese in die Tat umzusetzen.

Es gibt drei Kategorien von Entscheidungen, und jede verdient die ihr gemäße Behandlung. Die ersten beiden Kategorien verlangen eine klare Sicht der Verhältnisse, die dritte absolute Mittelmäßigkeit. In diesen drei Kategorien werden Sie für jede Entscheidung, die Sie jemals getroffen haben und treffen werden, den Weg wiedererkennen, der Sie zu ihr geführt hat.

1. *Einfache Entscheidungen* umfassen all die kleinen Dinge, die wir Tag für Tag mit gleicher Routine oder geringfügigen Variationen ausführen. Dazu gehört die Entscheidung, wann wir duschen, was wir anziehen, wohin wir uns setzen, was wir essen und trinken, wann wir schlafen gehen und wann wir aufstehen. Täglich treffen wir Hunderte wenn nicht sogar Tausende einfacher Entscheidungen. Einfache Entscheidungen müssen schnell getroffen und die Alternativen sofort verworfen werden. Kompliziert werden sie, wenn Unordnung herrscht. So fällt es uns zum Beispiel schwer, uns für etwas zum Anziehen zu entscheiden, wenn im Klei-

derschrank alles durcheinander liegt, oder wir haben eine Rechnung oder einen Brief verlegt, weil wir das Schriftstück nicht an den eigentlich dafür vorgesehenen Platz gelegt haben. Wenn wir für einfache Entscheidungen zu lange brauchen, ist das ein Anzeichen dafür, dass unser Verstand mit unnötigem Ballast beladen ist.

Weil eine Entscheidung einfach ist, muss sie aber noch lange nicht unwichtig sein. Unsere einfachen Entscheidungen machen unser tägliches Fünf-Schritte-Programm aus. Diese Entscheidungen müssen immer klug und auf ein größeres Ziel hin ausgerichtet sein und ständig an Qualität gewinnen. Zum richtigen Zeitpunkt für die kleinen Dinge Sorge zu tragen schärft den Verstand und führt zu größerer Effizienz.

2. *Komplexe Entscheidungen* sind alle jene großen Optionen, die unserem Leben über einen längeren Zeitraum hinweg die Richtung vorgeben. Dazu kann der Beginn oder das Ende einer Beziehung gehören, Kinder, die Berufswahl oder berufliche Veränderungen, eine Reise, eine größere Investition oder ein Umzug. Mit komplexen Entscheidungen sind immer Vor- und Nachteile verbunden, die im Zusammenhang gesehen werden müssen. Das ist die Voraussetzung, um alle Konsequenzen gleichzeitig abwägen zu können. Der Einsatz für unsere Entscheidung, sei es in Form von Geld, Zeit, Energie oder emotionaler Belastung, muss genau überdacht werden, damit eindeutig erkennbar ist, ob

das Ergebnis den Preis rechtfertigt. Komplexe Entscheidungen erfordern immer Opfer. Wenn wir unsere wirklich großen Ideale verfolgen, geben wir immer auch etwas Wichtiges oder Angenehmes auf.

3. *Unterlassene Entscheidungen* können größten Schaden anrichten. Aus der Einstellung, Entscheidungen möglichst aus dem Weg zu gehen, resultieren die meisten unserer negativen Lebensumstände. Wenn wir das Auto nicht in die Werkstatt bringen, bleiben wir möglicherweise auf der Autobahn liegen, wenn wir die jährlich anstehende Vorsorgeuntersuchung nicht machen lassen, riskieren wir langfristige gesundheitliche Probleme, und wenn wir für unsere Ideale nicht die Verantwortung übernehmen, werden wir es einmal bereuen.

Alle unsere Entscheidungen sind Ausdruck unserer Denkweise und bestimmen den Verlauf unseres Lebens. Die großen unter ihnen legen konkrete Ziele fest, die uns zu unseren Idealen hinführen; die kleinen bestehen in den kleinen Schritten, die diese Ziele realisieren helfen; die unterlassenen sind die Hindernisse, die uns aufhalten. Wichtig ist, dass wir uns unserer Ideale stets bewusst sind und diese Ideale unsere Entscheidungen prägen.

Die Vorstellung, komplexe Entscheidungen treffen zu müssen, ist vielleicht beängstigend. Es tatsächlich zu tun, ist eine Befreiung.

Die große Angst

Alle großen Entscheidungen müssen in friedlicher Atmosphäre getroffen werden. Schaffen Sie sich einen ruhigen und aufgeräumten Platz, an dem es Ihnen leicht fällt, klare Gedanken zu fassen. Befreien Sie Ihren Verstand von allem Ballast, damit Sie sich voll und ganz auf das Eine konzentrieren können: Ihre große Entscheidung.

Nehmen Sie nun ein Blatt Papier und falten Sie es einmal zusammen, so dass zwei senkrechte Spalten entstehen. Als Überschrift schreiben Sie die zu treffende Entscheidung auf, zum Beispiel: »Soll ich ein neues Auto kaufen oder das alte, bereits abgezahlte, behalten?« In die eine Spalte schreiben Sie nun die Vorteile, in die andere die Nachteile.

Soll ich ein neues Auto kaufen oder das alte, bereits abgezahlte behalten?

FÜR	WIDER
Sicherer und sparsamer im Verbrauch	Raten könnten schwer aufzubringen sein
Kleiner, dadurch leichter zu parken	Raten reduzieren das verfügbare Einkommen, dadurch weniger Lebensqualität
Keine größeren Ausgaben für Reparaturen	Höhere Ausgaben für Versicherung und Steuer
Zeitersparnis durch weniger Ausfälle	Keine ordentliche Garage vorhanden
Mehr Sicherheit für die Familie	
Kosten sind vielleicht Motivation, das Einkommen zu steigern	

Das ist eine altbekannte Übung, die auf der ganzen Welt in Selbsthilfekursen vermittelt wird. Vermutlich ist auch Ihnen längst bekannt, dass Sie sich so einen guten Überblick über alle für Sie in Betracht kommenden Alternativen verschaffen können.

Ich habe festgestellt, dass niemand Ihnen die unangenehme und schmerzhafte Wahrheit sagen will. Egal, wofür Sie sich entscheiden, Sie werden Angst haben. Daran wird auch keine noch so große Zahl an Listen etwas ändern. Wir alle kennen einen oder mehrere dieser typischen Fälle, die jahrzehntelang die Wände mit Listen tapezieren, die für oder gegen den Umzug in eine andere Gegend sprechen.

Was ist, wenn es in der Auflistung um die Liebe zu jemandem geht, um eine Heirat oder eine Scheidung? Wie ist es, wenn es um eine berufliche Veränderung geht oder darum, etwas völlig Neues in Angriff zu nehmen?

Was passiert, wenn Sie sich in zehn Jahren immer noch »Was passiert, wenn …?« fragen?

Für und Wider – das ist oft auch eine Frage von Angst, unabhängig davon, worum es bei der Entscheidung geht. Angst hält uns davon ab, einen Durchbruch zu wagen. Ja, es gibt die Angst vor dem Unbekannten, die Angst vor Unannehmlichkeiten. Doch die größte Angst ist die, dass wir unser Wort nicht halten.

Respekt vor dem eigenen Wort

Eine Verpflichtung ist eine Abmachung, die wir mit anderen oder mit uns selbst eingehen und für deren Durchführung ein bestimmter Zeitrahmen vorgegeben ist. Diese Abmachung ist verpflichtend. Bei einer Absprache ohne feste zeitliche Vorgabe handelt es sich um eine lockere Verabredung, nicht aber um eine Verpflichtung. Eine Verpflichtung bedeutet zu handeln. Wir können uns beim Wider aufhalten und uns keinen Schritt weiterbewegen. Wir können das Für aufgreifen und es bis ans Ziel durchboxen.

Verpflichtung und Engagement bestimmen den Wert und die Kraft unserer Entscheidung, sind die Basis unseres Selbstvertrauens. Wenn wir unsere Verpflichtungen respektieren, beginnen wir unser Wort selbst so sehr zu achten, dass wir es niemals wieder nötig haben werden, »Ich gebe dir mein Ehrenwort« oder »Vertrau mir« zu sagen. Denn die Ankündigung, etwas Bestimmtes zu tun, wird eine so starke Motivation darstellen, dass wir es allein deshalb in die Tat umsetzen werden, weil wir es gesagt haben. Die Achtung vor dem eigenen Wort gibt uns Macht. Sie treibt uns an, zu unseren Entscheidungen zu stehen.

Mark, ein junger Mann aus einem meiner Kurse, kommentierte diese These mit einem von Herzen kommenden »Das kann ich bestätigen«. Er erzählte, dass er als 17-Jähriger in einem Schnellrestaurant gearbeitet hatte und dort in jugendlichem Überschwang wiederholt herumerzählte, dass er sich, sollte er je überfallen werden, dem Räuber in den Weg stellen und ihm die Waffe abnehmen würde. Seine Kollegen versuchten ihn von der Gefährlichkeit eines solchen Eingreifens zu überzeugen, doch er beharrte darauf.

Als er sich und seine Kollegen eines Nachts in dem Restaurant tatsächlich von einem Gewehr bedroht sah, gingen ihm erstaunliche Dinge durch den Kopf. »So viele Jahre lang«, dachte er, »habe ich beteuert, ich würde kämpfen – also muss ich es jetzt auch tun. Wie sollte ich meinen Freunden sonst jemals wieder in die Augen sehen können?« Mark warf sich auf den Täter. Der verließ das Restaurant schneller, als er es betreten hatte. Leichtfertige Überheblichkeit ist zwar niemals ein ausreichender Beweggrund, sein Leben aufs Spiel zu setzen. Doch das Gewicht von Marks Aussage stand nun ein für alle Mal fest.

Warum verbindliche Aussagen wichtig sind

Nachlässigkeit bei unseren Verpflichtungen schlägt sich auch in unserer Ausdrucksweise nieder. Es besteht ein großer Unterschied, ob wir vage sagen »Ich muss etwas tun« oder »Ich werde bis spätestens elf Uhr anrufen«. Ersteres ermöglicht uns einen Aufschub, Letzteres drängt zum Handeln. Verpflichtungen sind verbindlich und wenn wir sie einhalten, machen wir damit allen klar, dass wir uns selbst ernst nehmen.

Craig, ein ehemaliger Schüler von mir, war von seiner Freundin enttäuscht und ärgerte sich, weil sie sich von den meisten ihrer Verpflichtungen ihm gegenüber ebenso schnell wieder distanzierte, wie sie sie einging. Sie hatten deshalb oft Streit, den sie stets mit dem gleichen Satz beendete: »Ich bin eben spontan und du bist unflexibel.«

Ich forderte Craig auf, anhand dieser Situation eine Für- und Wider-Liste als Entscheidungshilfe anzulegen, um herauszufinden, wie viel Stress für ihn akzeptabel sei. Oben auf seiner Liste stand die Frage: »Soll ich diese Frau heiraten?« Auf der Wider-Seite stand: Sie ist schwierig, verantwortungslos und rücksichtslos. Auf der Pro-Seite hielt er fest: Sie ist hübsch, aktiv und ehrgeizig. Craig blieb dabei, um ihre Hand anzuhalten.

Aber er wollte, dass Verpflichtungen in seiner Ehe ernst genommen würden. Da er nichts verlangen konnte, was er nicht selbst vorlebte, nahm er sich vor, sein Wort immer und überall zu halten.

Er warnte seine Freundin, dass er es nicht mehr hinnehmen würde, wenn sie sich nicht an ihr Wort hielt. Ab sofort würde er 15 Minuten warten. Wenn sie dann nicht fertig sei, würde er wieder gehen. Woraufhin sie sehr wütend wurde und sein neues Verhalten als »militaristische Einschränkung« ihres freien Geistes bezeichnete. Craig weigerte sich jedoch, davon abzuweichen, behandelte sie dafür aber noch liebevoller und aufmerksamer. Sie unternahm ein paar Mal den Versuch, pünktlich zu einer Verabredung zu kommen, aber es gelang ihr nur selten. An einem ihrer seltenen harmonisch verlaufenden Abende fragte Craig seine Freundin, ob sie ihn heiraten wolle. Ihre Antwort fiel für ihn schockierend aus. »Du willst mich ändern«, sagte sie. »Aber entweder du akzeptierst meinen Freiheitsdrang oder du vergisst das mit dem Heiraten. Solange du dich nicht änderst, lautet meine Antwort nein!«

Dann erläuterte sie Craig die Bedingungen, unter denen sie zur Weiterführung der Beziehung bereit war. »Ich will unsere alte Beziehung zurück«, sagte sie. »Ich war glücklich damit.« Dass es ihrem Freund dabei miserabel ging, war ihr egal. Daraufhin trennte er sich von ihr.

Der mit dieser Entscheidung verbundene Stress brachte Craig in ausgesprochen düsterer Stimmung in meinen Kurs zurück. »Das funktioniert nicht«, sagte er. »Sie sagten, ich müsse nur eindeutig sprechen und handeln, dann würde sie auch Position beziehen. Ich fragte sie, ob sie mich heiraten wolle, doch sie bestand darauf, weiter tun und lassen zu dürfen, was sie wollte. Ich kann nicht in einer solchen Ehe leben und mich noch als Mann fühlen.«

»Ich habe Ihnen nicht versprochen, dass sie Sie heiraten wird. Ich habe versprochen, dass sie Position beziehen wird – und das hat sie. Sie hat Ihnen genau gesagt, was Sie Ihnen geben will und was nicht.«

Die Kraft unserer Ausdrucksweise

Unentschlossenheit erkennen wir an unserer Ausdrucksweise. Nachfolgend finden Sie eine Liste häufig vorkommender Floskeln und in Klammern die dazugehörigen hypothetischen Ideale und Ziele, die nie in die Tat umgesetzt werden.

- »Irgendwann werde ich … (ein Drehbuch schreiben).«
- »Ich würde wirklich gerne … (Italienisch lernen).«
- »Treffen wir uns doch bald … (um diese Geschäftsidee zu diskutieren).«
- »Vielleicht sollte ich … (etwas abnehmen).«
- »Ich kann es ja versuchen, aber … (ich werde nie mit dem Fluchen aufhören).«
- »Wir sollten wirklich … (persönlicher miteinander umgehen).«

Das Traurigste an solchen vagen Äußerungen ist, dass wir uns damit vielen wunderbaren Erfahrungen im Leben verschließen. Wenn unsere Verpflichtungen ohne Bedeutung sind, ist unser Leben ärmer. Das ist der Grund, warum ich meine Schüler auffordere, sich ein paar kleine Aufgaben vorzunehmen, die ihnen großes Unbehagen bereiten, und sich im Rahmen ihres Fünf-Schritte-Programms damit auseinander zu setzen. Sie werden schnell sehen, wie wertvoll Ihnen Ihre eigenen Worte auf einmal werden.

Vage Aussagen und Mittelmäßigkeit wachsen auf demselben Boden. Werfen wir unsere Verpflichtungen reihenweise über Bord, legen wir uns eine zwanglose und familiäre Haltung zu. Wer vage und undefiniert spricht und mit anderen umgeht, ist nie glücklich über das Bild, das er abgibt. Er wundert sich, warum die Menschen nicht positiv auf sein sorgfältig poliertes Image reagieren und beklagt, dass er nicht ernst genommen wird. Lässigkeit und Ambivalenz sind Schwächen. Die Art, wie wir zu unseren Verpflichtungen stehen, sagt aus, wer wir sind, wo wir stehen und wie viel das, was wir geben, wert ist.

Wie unsere Ideale größeres Gewicht erhalten

Entschlossenheit und Engagement sind die treibenden Kräfte auf dem Weg zu mentaler und moralischer Virtuosität. Sie sind das Fundament für Selbstsicherheit, Zuverlässigkeit, Stärke und Mut. Sie führen zu Klarheit und Handeln, zu Versprechen und Resultaten.

Wenn unser Wort allein garantiert, dass unsere Abmachungen erfüllt werden, haben wir damit eine unserer ersten nach außen erkennbaren Stärken etabliert. Um sie zum Blühen zu bringen, müssen wir als nächsten großen Schritt die Macht verstehen lernen, die aus Engagement und Verpflichtung erwächst. Unser Engagement erweckt die Liste unserer Ideale zum Leben und füllt sie mit Energie.

Entschlossenheit bringt Kraft, Vertrauen, Selbstbeherrschung und klare Konturen mit sich. Wenn wir Profil zeigen, zwingen wir andere, auch uns so gegenüberzutreten. Wenn wir uns für alles, was wir ankündigen, selbst einen festen Termin setzen, wird es schließlich auch nötig, von anderen eine respektvolle Behandlung einzufordern. Jemanden, der sich zu zwanglos äußert, auf Einzelheiten festzunageln, führt vielleicht zunächst dazu, dass dieser sich unwohl fühlt. Doch wenn wir Engagement zeigen wollen, können wir vages Verhalten nicht akzeptieren. Erinnern Sie sich an das Gespräch am Anfang dieses Kapitels, in dem es um die Verabredung zum Mittagessen ging?

Es ist gut möglich, dass John nicht wie versprochen anrufen wird. Das bedeutet, dass er niemals wirklich die Absicht gehabt hat, sich zum Essen zu verabreden. Linda zeigt Profil, indem sie ihn auf eine bestimmte Zeit festlegt. Nun kann er keine weitere Scheinverabredung mehr mit ihr treffen. Ihre präzise Ausdrucksweise kann ihn wahlweise in die Enge treiben, ihn dazu veranlassen, seine Verpflichtung ernst zu nehmen oder beim nächsten zufälligen Treffen ihre Zeit nicht mehr unnötig in Anspruch zu nehmen.

Die Rücktrittsklausel

Abmachungen mit uns selbst oder mit anderen sollten wir wie ein Ehrenwort behandeln. Das mag auf den ersten Blick etwas schockierend klingen, aber was wir ehren, werden wir nicht so einfach brechen.

Wenn wir realisieren, dass das Ideal des engagierten Handelns uns zwingt, alles, was wir als dumm oder schädlich erkennen, hinter uns zu lassen, sollte uns das eigentlich erleichtern. Doch für viele ist die Schwäche, sich mit Dingen zu arrangieren, so dominant, dass es schon Mut erfordert, diese Möglichkeit überhaupt ins Auge zu fassen. Stellen Sie sich einen Mann vor, der gemeinsam mit seinem Bruder ein Geschäft führt und eines Tages erkennt, dass dieser Bruder lieber dem Nichtstun frönt oder ihn betrügt. Oder eine Frau, die zum zweiten Mal verheiratet ist und plötzlich herausfindet, dass ihr Mann …

Es erfordert ernormen Mut, engagiert nach Informationen zu forschen, die uns vielleicht nicht gefallen werden. Und noch mehr Mut braucht es, daraufhin explizit zu erklären, dass man einen neuen, anderen Weg für sich gewählt hat. Allergrößter Mut aber ist nötig, wenn man sich ausdrücklich für diesen Weg entscheidet.

Doch wie viel Freiheit gewinnt man damit!

Ein ausgesprochen schüchternes Mädchen namens Marina wurde von ihrer berechnenden Kusine Esther gefragt, ob sie bei ihrer Hochzeit eine der Brautjungfern sein wolle. Eine Zusage hieß für Marina, eines dieser typischen hässlichen Kleider und dazu passende Schuhe kaufen zu müssen, die Esther ausgesucht hatte. Esther erklärte auch noch, sie erwarte von allen 30 Brautjungfern und Brautführern jeweils 150 Dollar für den Empfang.

Marina war sprachlos. Dass sie und alle anderen nichts sagten, wurde als Zustimmung gewertet, denn durch Schweigen wird man zum Komplizen.

Marina glaubte an alte Familientraditionen und hatte es viele Jahre lang als Teil dieses Wertesystems verstanden, um jeden Preis Frieden zu wahren – auch wenn man dabei mit Füßen getreten wurde. Doch nun begannen die Übungen im Seminar etwas in ihr wachzurufen. Zögernd versuchte sie herauszufinden, was sie störte, indem sie erst einmal sagte, dass sie sich überrumpelt fühlte. Ich fragte Marina, ob sie für ihre eigene Hochzeit Geld einsammeln würde.

»Natürlich nicht«, lautete ihre Antwort.

»Warum?«

»Wenn ich mir eine große Hochzeit nicht leisten könnte, würde ich eine einfache kleine Feier machen.«

»Warum?«

»Ich wurde so erzogen. Es ist nicht richtig, andere um Geld für etwas zu bitten, was man sich selbst nicht leisten kann.«

»Warum?«

»Nun, das ist ein Prinzip, oder?«

»Richtig. Könnte man die Tatsache, dass Esther 150 Doller von Ihnen möchte, auch anders ausdrücken?«

Marina versuchte es. »Sie will mich von meinen Prinzipien abbringen.«

»Ist das etwas, wozu Sie sich verpflichtet haben?«

Für Marina war es nicht leicht, Esther anzurufen und ihr mitzuteilen, dass sie den gewünschten Betrag nicht beisteuern wolle. Damit hätte die Geschichte eigentlich enden können, doch Esther war ziemlich gerissen. Sie bat Marina, ihre Entscheidung allen anderen Beteiligten bei der nächsten Besprechung mitzuteilen. Marina willigte zögernd ein und fühlte sich schon wieder überrumpelt und in die Enge getrieben. Die öffentliche Stellungnahme sollte sie dazu zwingen, sich vor allen anderen als arm oder geizig zu erkennen zu geben, oder, wenn sie ihr Verhalten mit ihren Prinzipien begründete, sich dem Vorwurf der Selbstgerechtigkeit auszusetzen. Ganz sicher dachte die Kusine, Marina würde sich dieser Peinlichkeit nicht stellen oder Angst haben, als Außenseiterin behandelt zu werden, und daher doch schweigend das Geld beisteuern.

»Ihre Prinzipien sind genau der Grund, warum Sie sich zu Wort melden sollten«, empfahl ich ihr. »Erzählen Sie der Gruppe genau das, was Sie mir erzählt haben. Stehen Sie auf und ergreifen Sie als Erste das Wort.«

»Und weiter?«, fragte Marina mit dünner Stimme.

»Lehnen Sie sich zurück und lassen Sie das Feuerwerk abbrennen.«

Gleich zu Beginn des nächsten Treffens hatte eine sehr nervöse Marina binnen einer Minute alles Nötige vorgetragen. Die Anwesenden schwiegen erstaunt. Sie setzte sich und wünschte sich, der Boden würde sich unter ihr auftun. Dann standen die anderen der Reihe nach auf und erklärten, sie würden die 150 Dollar auch nicht bezahlen wollen. Ja, sie würden auf ihren ganzen Part bei der Hochzeit verzichten.

Esther brach in Tränen aus und bettelte: »Und wenn ihr nur 50 Dollar beisteuert?«

Nein und nochmals nein.

Für Esther war das keine schöne Situation. Ein ängstliches Mädchen hatte durch Entschlossenheit und engagiertes Auftreten 29 weitere Menschen veranlasst, ihre wahre Meinung zu äußern.

Ich möchte auch Sie bestärken, Ihre mutige Reise mit folgenden Schritten fortzusetzen:

- Üben Sie, einfache Entscheidungen schnell und sicher zu treffen.
- Legen Sie für drei schwierige Entscheidungen, die Ihnen bevorstehen, jeweils eine Liste mit Für und Wider an.
- Fassen Sie Ihre Pläne in klare Worte und setzen Sie sich ein Zeitlimit.
- Rücken Sie von einer Verpflichtung nur dann ab, wenn Sie triftige Gründe dafür haben.

Wenn Sie nach diesen Punkten vorgehen, werden Sie Entschlossenheit und Engagement als die beiden Säulen etablieren, die allen Anfeindungen standhalten. Egal, ob es sich um Verantwortungslosigkeit, Mangel an Prinzipien, falsche Anschuldigungen, Zweifel oder beliebige andere Fallen handelt.

KAPITEL 8

Der Rhythmus des Sieges

Was ist Disziplin? • Unser persönlicher Verhaltenskodex • Wie man sich die richtige Disziplin für virtuoses Handeln aneignet • Die Wunder positiver Disziplin

In den letzten beiden Kapiteln haben wir gelernt, unsere Ideale zu erkennen, unsere Aufgaben und Ziele festzulegen und diese als mentale und moralische Verpflichtung zu begreifen. Das ist ein spannendes intellektuelles Training, weil es die Grundlage bildet, damit unsere Wahrheit hervorbrechen kann.

Was ist Disziplin?

Unter Disziplin versteht man ein System von Regeln und Vorschriften und die Bereitschaft oder Gewohnheit, sich an diese zu halten. Die Disziplin des Virtuosen besteht in der konstanten Ausübung des eigenen freien Willens, um die eigenen Ideale mit sich ständig verbessernden Resultaten voranzubringen. Sie ist wie ein Autopilot, der unser Verhalten steuert und den wir immer weiter verbessern, bis er einem Instinkt gleicht. Ohne Rücksicht auf Ängste und Rückschläge kann

Disziplin eine neue Handlungsfolge auslösen, die unser Leben aus der Stagnation reißt, es vom Gewöhnlichen zum Außergewöhnlichen, von der Langeweile zu konstanten, mutigen Zielen weist.

Als Disziplin kann man aber auch die Eigenschaft bezeichnen, die den Verbrecher oder Despoten zum Erfolg führt oder eine zwanghaft agierende Persönlichkeit starr und unflexibel macht. Wir müssen zwischen positiver und negativer Disziplin unterscheiden. Positive Disziplin ist stark und klar strukturiert, gleichzeitig aber auch flexibel und lebendig. Wie Takt, Melodie und Harmonie sich zu Musik vereinen, gibt die Summe dieser Eigenschaften allen Handlungen eine feste Kontur und lässt das Leben in einem angenehmen Rhythmus dahinfließen.

Manche Menschen behaupten von sich, keine Disziplin zu haben. Doch jeder Mensch auf Erden, ob reich oder arm, ob Führungsperson oder Mitläufer, bewegt sich im Takt irgendeiner Art von Disziplin. Mag dabei auch ein chaotischer, gestörter oder krimineller Rhythmus entstehen – es handelt sich dennoch immer um Disziplin. Nehmen Sie den Hochstapler, der sich jeden Tag mühen muss, eine falsche Existenz zu entwerfen oder einen ausgeklügelten Plan zu ersinnen, der einzig und allein darauf abzielt, andere um ihr Eigentum zu bringen. Überlegen Sie einmal, was dazu alles nötig ist: gefälschte Referenzen, Adressen und Identitäten, ständige Wachsamkeit und so weiter. So eine bizarre und düstere Existenz baut auf einer zwar pervertierten, aber auch ausgesprochen effizienten Disziplin auf.

Die Qualität der von uns aufgewendeten Disziplin ist für andere der Hinweis darauf, wer wir sind und wofür wir stehen. Es ist also positive Disziplin gefragt, wenn wir unsere Tugenden und Qualitäten stärken wollen, die uns zu unseren Idealen hinführen. Durch das Ausüben positiver Disziplin werden wir mit ihren Stärken vertraut und dadurch wachsamer für die Schwächen negativer Disziplin. Wir beginnen, in anderen die Wahrheit zu erkennen und lassen uns nicht mehr von den Erscheinungsformen negativer Disziplin ablenken oder ausnutzen. Wenn wir in unseren Beziehungen in einem Zwiespalt stecken, der unsere Entwicklung bremst, ist die Ursache dafür sehr häufig die Kluft zwischen positiver und negativer Disziplin.

Die Äsopsche Fabel von der Kröte und dem Skorpion ist ein perfektes Beispiel dafür, was passiert, wenn wir uns den Unterschied nicht klar machen: Eine Kröte wollte gerade über einen Teich schwimmen, als ein Skorpion sie fragte, ob sie ihn nicht auf ihrem Rücken mitnehmen könne. Da sagte die Kröte: »Nein, bestimmt stichst du mich.«

»Dich stechen?«, lachte der Skorpion. »Das ist doch lächerlich! Wenn ich dich steche, ertrinken wir beide. Welchen Sinn hätte es, das zu tun?«

Die Kröte überlegte einen Augenblick und erklärte sich schließlich bereit, den Skorpion mitzunehmen. In der Mitte des Teiches trieb der Skorpion seinen Stachel tief in den Rücken der Kröte. Völlig überrumpelt und mit dem Tod ringend konnte die Kröte gerade noch fragen: »Warum hast du das getan?«

»Weil es meiner Natur entspricht«, erwiderte der Skorpion.

Wir lernen aus dieser Geschichte, dass die Kröte die Disziplin des Skorpions zunächst besser einschätzen konnte als ihre eigene, die irgendwo zwischen dem negativen und dem positiven Pol lag, in der Zone des Mittelmaßes, und ihr Denken mit Zweifeln und Fragen vernebelte. Damit steht die Kröte nicht alleine da. Viele von uns opfern ihre Intelligenz auf dem Altar mittelmäßiger Disziplin, weil es einfach ist, so wie immer zu handeln. Dabei müssen wir aber jedes Mal in Kauf nehmen, gestochen zu werden.

Unser persönlicher Verhaltenskodex

Disziplin ist die Anhäufung persönlicher Gewohnheiten und Regeln. Sie ist wie unser ganz eigenes Bedienungshandbuch, das uns bei Fragen und Zweifeln hilft und beschreibt, was uns ausmacht. Wenn wir uns selbst nicht mögen, müssen wir bestimmte Abschnitte des Handbuchs so ändern, dass unsere Gewohnheiten sich verbessern. Wenn wir uns mögen, es uns aber an Virtuosität fehlt, müssen wir das Handbuch ebenfalls überarbeiten oder ergänzen. Das Aufregende an diesem Handbuch ist, dass wir immer ein neues Kapitel einfügen können, um unseren Kurs zu korrigieren.

In Kapitel 2 haben wir über die drei Denkebenen gesprochen: die höchste, die mittelmäßige und die unterste. Nun werden wir lernen, wie Disziplin unsere Gedanken zum Leben erweckt.

Wenn sich 20 Prozent der Bevölkerung konsequent in der höchsten Denkebene aufhalten, können auf der ganzen Welt auch nur 20 Prozent der täglich ausgeführten Handlungen eine höhere Qualität besitzen. Das überrascht Sie? Nun, es erklärt, warum es so viel Schmerz und Orientierungslosigkeit gibt.

Im Lauf der Jahre habe ich mit hunderten von Schülern zu tun gehabt. Mit wenigen Ausnahmen wurde das Leid, mit dem ich konfrontiert wurde, von der Kluft zwischen dem, was wir sein könnten, und dem, was wir wirklich sind, verursacht. Die Seele ist sich über ihre Ideale und Aufgabe immer im Klaren. Doch jede Handlung oder Gewohnheit, die nicht voll und ganz mit dem moralischen und dem mentalen Vehikel konform geht, ist negativ und führt zu Enttäuschung und Versagen.

Mit der Disziplin hat es etwas Merkwürdiges auf sich: Manchmal richtet sich unsere ganze Disziplin mit aller Kraft auf … die falschen Ideale! Wir arbeiten mit großem Einsatz auf Ziele hin, nach denen unsere Seele gar nicht verlangt. Ich werde oft gefragt, ob es eine einfache Methode gibt herauszufinden, ob die aufgebrachte Disziplin nicht fehlgeleitet ist – und ich glaube, es gibt eine solche Methode.

Möglicherweise leben Sie mit fehlgeleiteter Disziplin – Disziplin also, die nicht ständig wächst, um ihre Ideale zu verwirklichen –, wenn Sie:

- sich langweilen, obwohl Sie tätig sind
- sich unausgefüllt fühlen, das Leben von außen betrachten
- keine Herausforderungen erfahren und nie zufrieden sind
- sich moralisch und mental ausgebrannt fühlen
- von Habgier oder Groll gehandicapt werden
- sicher sind, etwas besser machen und mehr leisten zu können

Das meiste davon entsteht durch eine Schwäche des Charakters, und wir werden gleich darauf zu sprechen kommen, wie man die nötige Kraft entwickelt, dem gegenzusteuern.

Schwäche ist eher an ihren Folgen zu erkennen als an ihren Handlungen. Die Resultate sind immer gleich und Sie können sie oben stehender Auflistung entnehmen. Schwäche entsteht aus der unser Handeln bestimmenden Denkweise. Also müssen wir herausfinden, wo sich unser Denken abspielt und welche Gewohnheiten sich daraus ergeben.

Wie man sich die richtige Disziplin für virtuoses Handeln aneignet

Gott hat jedem von uns einen freien Willen gegeben, der uns in die Lage versetzt, die Qualität unseres Lebens innerhalb der gegebenen Umstände selbst zu bestimmen. Immer wieder haben sich im Lauf der Geschichte zunächst unscheinbare Menschen aus der Masse gelöst und die Welt mit der Macht ihres Denkens und klaren Idealen geformt. In jedem von uns schlummert enormes Potenzial, aber auch der freie Wille zu scheitern.

Vor Jahren las ich einen Essay von Ralph Waldo Emerson mit dem Titel *Selbstständigkeit*. Darin beschreibt er den Kummer, der sich einstellen kann, wenn man in seinem Leben keine positive Disziplin anwendet. »Ein Mann sollte lernen, jenen Lichtschimmer zu erkennen und zu beachten, der von innen heraus in seinem Verstand aufblitzt, stärker als das Leuchten am Firmament der Barden und Weisen. Und doch verwirft er achtlos seinen Gedanken, weil es seiner ist. In jedem Werk eines Genies erkennen wir unsere eigenen verworfenen Gedanken wieder, sie kehren mit einer gewissen fremden Würde zu uns zurück.« Haben Sie schon jemals Ihren eigenen Lichtschimmer in den großen Erfolgen anderer wiederentdeckt?

Der erste Schritt zu positiver Disziplin besteht darin, die eigenen Ideale zu kennen und sich ihnen zu verpflichten. Anhand der Übungen in Kapitel 6 und 7 werden diese Ideale deutlich und greifbar, sie existieren nicht mehr nur in unseren Köpfen, sondern sind auf Papier oder im Computer fixiert. Werden Ideen nicht ausgedrückt, auch wenn das Publikum nur aus einer einzigen Person besteht, bleiben sie leblos.

Als zweiten Schritt zu positiver Disziplin müssen wir unsere Talente erkennen und uns ihrer Entwicklung widmen.

Vor einigen Jahren lernte ich eine Mutter mit zwei ausgesprochen hübschen Töchtern kennen. Die ältere der beiden war von Natur aus sportlich. Mit zwölf Jahren beherrschte sie bereits ziemlich schwierige akrobatische Kunststücke, die sie sich ganz allein antrainiert hatte. Ihre jüngere Schwester war genau das Gegenteil, sie stürzte schon bei den einfachsten Übungen. Ihre Körpersprache zeugte von Unbeholfenheit und Ängstlichkeit. Ich machte der Mutter den Vorschlag, die jüngere Tochter zu einem Gymnastikkurs anzumelden. »Aber nein«, sagte sie, »wenn eine der beiden in einen Kurs geht, dann die ältere, weil sie Talent hat.« Doch die Mutter tat schließlich das einzig Richtige und meldete beide Töchter an.

Nach drei Monaten hörte die ältere Tochter wieder auf. Sie glaubte, dort nichts Neues lernen zu können. Die jüngere der beiden blieb dabei. Allmählich begann sie, wie man es von Turnerinnen kennt, auf den Fußballen zu gehen, wie ein graziler junger Panther. Innerhalb eines Jahres hatte sie sich so weit gesteigert, dass sie zu einem Auftritt nach Australien reisen durfte.

Die ältere Schwester war sehr talentiert und hatte das Zeug zum Star. Ihr mentales Vehikel war stark, doch ihr moralisches war auf einem Abstellgleis. Sie achtete nicht darauf, ihre angeborenen Talente zu pflegen und ihre Fähigkeiten bei jeder Gelegenheit zu verbessern und würde es darin sehr wahrscheinlich nicht zur Virtuosität bringen. Wenn wir es versäumen, unsere mentalen Gaben mit moralischer Stärke zu unterstützen, kommen uns diese Gaben abhanden.

Als dritten Schritt zu positiver Disziplin müssen wir unsere Gewohnheiten ständig verbessern. Unser Fünf-Schritte-Programm transportiert unser Denken auf eine höhere Ebene. Durch kontinuierliche Verbesserung entwickelt sich präzises Denken zu einer neuen Gewohnheit. Wir bringen es zu einer Schnelligkeit im Denken, durch die wir unsere Ideen schnell entziffern und abwägen können. Statt monatelangem Ringen reichen uns plötzlich Stunden, manchmal schon Minuten.

Um dies zu untermauern, können Sie ein Beobachtungsspiel machen. Suchen Sie sich eine Person aus, die Ihrer Meinung nach auf der höchsten Denkebene lebt und achten Sie auf die Geschwindigkeit, mit der er oder sie handelt. Achten Sie darauf, welche Ordnung und Effizienz eine konstante Weiterentwicklung hervorbringt. Diese Menschen verlegen nicht ständig ihre Schlüssel, ihr Portemonnaie oder ihre Brille. Und sie machen aus simplen Entscheidungen keine Monologe des Zweifels und der Verunsicherung. Sie respektieren ihre eigene Zeit und die der anderen.

Die Wunder positiver Disziplin

Wenn Sie Ihrem Handeln mit positiver Disziplin eine Richtung vorgeben, werden Sie wahre Wunder erfahren. Hier einige Beispiele:

Es wird uns immer heute besser gehen als gestern. (Es ist schockierend, dass das nicht von Natur aus wahr ist –, sagt uns doch die Logik, dass ständige Wiederholung zu Perfektion führe. Doch wie bereits besprochen, führt Wiederholung ohne Verbesserung zum Niedergang.) Wir werden uns niemals mehr mit dumpfem Mittelmaß zufrieden geben.

David, ein wunderbarer und talentierter Schüler von mir, konnte bereits auf eine ausgesprochen erfolgreiche Karriere als Bühnenbildner in Hollywood-Filmen verweisen, als er eines Tages ziemlich frustriert zu mir kam. »Wie kann ich mir jemals die Kenntnisse aneignen, die ich brauche, um Filmregisseur zu werden?«, fragte er mich. »Ich wollte schon immer Regie führen, und nun habe ich Angst, auf meiner momentanen Position sitzen zu bleiben.«

Das war eine Frage nach meinem Geschmack! »Sie müssen jeden Tag mindestens einen Schritt machen, der Sie näher zu dieser Tätigkeit hinführt. Fangen Sie an, wie ein Regisseur zu denken und für die Probleme eines Regisseur Lösungen zu finden.«

»Aber ich bin kein Regisseur, und der tatsächliche Regisseur könnte das persönlich nehmen«, sagte er.

»Ich habe auch nicht gesagt, Sie sollen der Regisseur sein. Aber denken und engagieren Sie sich wie ein Regisseur. Machen Sie sich keine Sorgen, wenn Ihre Ideen nicht akzeptiert werden.«

Er versprach, mit dieser Übung sofort anzufangen. Fünf Monate später traf ich David wieder, und selbst ich war schockiert über den ungestümen Elan, den er zeigte.

»Es gab einige große Veränderungen«, begann er aufgeregt. »Als ich anfing, wie ein Regisseur zu denken, fing ich auch an, das Filmemachen als Ganzes zu sehen und die vielen einzelnen Talente, die zu einem Film beitragen, erst richtig zu respektieren. Dann begann ich mir Gedanken zu machen, was für eine Geschichte ich gerne verfilmen würde, und diese Geschichte schrieb ich dann nieder. Als Nächstes begann ich, wie ein Produzent zu denken und Geld für die Finanzierung aufzutreiben. Und nun werde ich in Kürze bei meinem eigenen Film Regie führen!«

Ein anderes Wunder positiver Disziplin ist die Enthüllung der natürlichen Schönheit und Eleganz unserer Seele. Liebe und Fürsorge werden unser Tun begleiten und unsere Ruhe und Gelassenheit werden ansteckend wirken. Wir erkennen dieses Phänomen in anderen, in den Menschen, die wir gerne in unserer Nähe haben. Sie sind es, die uns inspirieren, uns zum Lachen bringen und für Fröhlichkeit sorgen.

Das dritte Wunder hat mit der Eleganz unserer Seele zu tun. Wir werden nicht mehr zu übersehendes Selbstvertrauen und Charisma ausstrahlen. Und egal, wie weit Ihre Ideale von Ihrem augenblicklichen Leben entfernt liegen und wie groß der Sprung ins Ungewisse ist, den Sie dafür wagen müssen – die simple Entscheidung, mit der Sie Ihre Ideale herausfinden, weiter entwickeln und vollenden, wird Ihr Leben verändern.

Das vierte und letzte Wunder ist die Inspiration, die andere aus unserem Handeln beziehen. Meine eigenen Anstrengungen werden vom Leben mir bekannter und unbekannter Menschen unterstützt, die für ihre Mission gekämpft, gelitten, Rückschläge hingenommen, immer wieder dazugelernt und sie schließlich vollendet haben. Ohne Freiheit fänden Ideen wie meine keine Akzeptanz, ohne die Verfechter der Meinungsfreiheit könnten wir unsere Gedanken nicht kompromisslos äußern und ohne die Wächter der Verfassung wären wir leichte Beute für Jäger aus der untersten Denkebene.

Jeder Akt der Disziplin, jedes virtuose Leben spinnt einen Faden durch die Zeit, der dazu beiträgt, die menschliche Erfahrungswelt zu etwas ganz Besonderem zu machen. Arbeiten auch Sie an diesem Faden mit, indem Sie folgende Übungen machen:

1. *Lernen Sie, im Leben anderer Disziplin zu erkennen. Das ist eine meiner Lieblingsaufgaben, und ich bin immer wieder überrascht, welche Reaktionen sie hervorruft.*
   Suchen Sie sich die Biografie oder Autobiografie je einer beispielhaften Persönlichkeit aus folgenden Bereichen:

Wissenschaft, Musik, Wirtschaft, Kunst, Unterhaltung, Politik und Religion. Lesen Sie diese innerhalb des nächsten Jahres. Achten Sie darauf, dass mindestens zwei Bücher über Menschen darunter sind, über die Sie gar nichts wissen. Sie können ruhig auch ein Buch über ein Ihnen gänzlich unbekanntes Fachgebiet auswählen. Versuchen Sie auch, die gesamte Geschichte abzudecken, indem Sie sowohl historische Persönlichkeiten als auch Personen der Zeitgeschichte in Ihre Auswahl aufnehmen.
Finden Sie bei jedem einzelnen Buch heraus, welche Eigenschaften die Hauptfigur durch positive Disziplin entwickelte. Sie werden feststellen, dass die Eigenschaften, die wir zum Erreichen unserer Ideale brauchen, durch alle Zeiten gleich bleiben.

2. *Finden Sie heraus, wie sich Ihre eigene Disziplin auswirkt. Diese Übung ist einfach und macht Spaß.*
Erstellen Sie eine Übersicht mit zwei Spalten. In die linke Spalte schreiben Sie eine, höchstens zwei schlechte Angewohnheiten, wie zum Beispiel Jammern, Rauchen, Schimpfwörter gebrauchen oder Unpünktlichkeit. In die rechte Spalte schreiben Sie mindestens fünf tägliche Annehmlichkeiten, die Ihnen lieb sind, wie etwa der morgendliche Kaffee, ein Glas Rotwein, ein bestimmtes Kleidungs- oder Schmuckstück, eine Lieblingssendung im Fernsehen.
Immer wenn Sie an sich die Verhaltensweise aus der linken

Spalte registrieren, streichen Sie für die nächsten 24 Stunden den obersten Punkt aus der rechten Spalte. Haben Sie den Verstoß innerhalb der nächsten 24 Stunden nicht wiederholt (also 24 Stunden lang positive Disziplin ausgeübt), dürfen Sie den Punkt wieder in Ihre Liste aufnehmen. Müssen Sie eine Woche oder länger auf sämtliche Ihrer kleinen Annehmlichkeiten verzichten, profitieren Sie davon zumindest in einem gravierenden Punkt: Sie werden die Notwendigkeit von Disziplin erkennen.

Eine wichtige Anmerkung zum Schluss: Betrachten Sie Ihre Annehmlichkeiten nicht als Belohnung dafür, dass Sie Ihre schlechte Angewohnheit abgelegt haben. Eine Belohnung würde Sie um den Genuss bringen, den persönlichen Sieg als natürliche Abfolge des Lebens wahrzunehmen.

KAPITEL 9

Ein zweijähriger Tyrann

Wie wir denken lernen • Die falsche Richtung einschlagen • Bestimmung oder Verhängnis • Am Scheideweg

Überall auf der Welt züchten Kinder im Schulunterricht irgendwann einmal Bohnen, so wie ich in der zweiten Klasse. Die Lehrerin ging durch die Klasse und gab jedem von uns eine Bohne, die wir alle zur gleichen Zeit einpflanzten. Alle paar Tage zeigte sie uns große Schaubilder mit den unterschiedlichen Entwicklungsstadien einer Bohne. Wenn die anderen in die Pause gingen, sah ich bei meiner Bohne nach, ob sie mit den Bildern übereinstimmte. Ich nahm sie immer nur ganz kurz aus der Erde und steckte sie ganz schnell wieder zurück. Es ging uns gut, meiner Bohne und mir, zumindest eine Zeit lang.

Schließlich zeigte sich in jedem Topf eine kleine Sprosse, nur nicht in meinem. Die Lehrerin meinte, ich solle mir keine Sorgen machen. Doch bald sahen die anderen Sprossen schon wie kleine Pflanzen aus, während in meinem Topf noch immer nichts zu sehen war. Später verteilte die Lehrerin kleine Stäbe, mit denen die Kinder ihre Ranken stützen konnten. Nur mein Stab war ganz kahl, was mir sehr peinlich war. Die

Lehrerin wunderte sich allmählich, warum ausgerechnet meine Bohne nicht keimen wollte, obwohl sie aus derselben Packung stammte wie alle anderen. Sie fragte mich, ob ich irgendwas damit angestellt hätte. Ja, gab ich zur Antwort, und ich erzählte ihr, wie ich immer wieder meine Bohne mit den schönen Bildern verglichen hatte.

»Das erklärt alles«, sagte sie. »Sie ist gestorben.«

Ich fragte mich, was die Bohne umgebracht hatte. Meine Berührung oder dass ich sie ans Licht gehalten hatte. »Wie ist sie gestorben?«, wollte ich wissen.

Die Lehrerin dachte kurz nach und antwortete: »Von dem Moment an, in dem du dir vorgenommen hast, die Bohne auszugraben, war es nur noch eine Frage der Zeit.« Sie gab mir eine andere Bohne, die ich zu Hause einpflanzen konnte, aber da ich den Versuch nicht alleine machen wollte, starb auch diese Bohne.

Im Lauf der Jahre habe ich mindestens ein halbes Dutzend Bohnenmörder kennen gelernt, die sich noch ganz genau daran erinnern können, ihre Bohne aus der Erde genommen zu haben. Daraus habe ich im Nachhinein einige wichtige Lehren gezogen. Das Gesetz der Verantwortung sagt, dass, sollte sich trotz guter Absichten und entsprechender Anstrengungen kein Erfolg einstellen, sehr wahrscheinlich noch eine Komponente fehlt. Nehmen Sie die Bohne auf keinen Fall aus der Erde. Weil ich nicht alleine eine zweite Bohne anpflanzen wollte, ließ ich meine nächste Chance auf Erfolg verstreichen. Eine weitere Lehre war, dass Geduld nötig ist, um die Dinge Wurzeln bilden und wachsen zu lassen. Ich fand auch heraus, dass Fürsorge alle Zweifel wegwischt. Meine Entschlossenheit, etwas zu tun, bedeutete für die Bohne den Todesstoß.

Ob es sich um eine positive oder negative Handlung dreht, mit der festen Absicht sie zu setzen ist sie schon so gut wie ausgeführt.

Wie wir denken lernen

Die alten Griechen sagten, die Welt gehöre den Denkern, damit meinten sie jene von ihnen, die auf der höchsten Denkebene lebten. Ohne die Fähigkeit zu analysieren und zu differenzieren, verschiedene Möglichkeiten abzuwägen und realistische Entscheidungen zu treffen, denen wir uns verpflichtet fühlen, kommen wir vom Weg der Virtuosität ab und landen an altbekannten quälenden Orten, wiederholen die alten Fehler und müssen frustriert feststellen, dass wir nichts dazugelernt haben.

Wir sind uns dessen vielleicht nicht bewusst, doch das universelle Gesetz von Ursache und Wirkung herrscht unerbittlich über uns. Sir Isaac Newton brachte die Welt einen großen Schritt voran, als er seine Grundgesetze der Mechanik formulierte, von denen das dritte besagt, dass die Wirkung stets gleich der Gegenwirkung (actio = reactio) ist, das heißt, bei jeder Aktion gibt es eine gleiche und entgegengesetzte Reaktion. Ohne Ausnahme. Newton wandte diese Erkenntnis zwar nicht auf das Ich an, doch das Prinzip bleibt das gleiche. Halten wir uns in der höchsten Denkebene auf, treffen wir intelligente Entscheidungen. Was nicht zuletzt dazu führen wird, dass wir den Zweck unseres Daseins erkennen. Haben wir unseren Weg gefunden, kann unser Potenzial sich voll entfalten. Und das wiederum wird uns zu unserer Bestimmung führen.

Die Kreatur Mensch ist ein denkendes Wesen, sobald sein Gehirn ausgebildet ist. Es gibt Bilder von daumenlutschenden Föten, was bedeutet, dass die winzigen Händchen einem Wunsch oder rudimentären Denken folgen. Dr. Justin D. Call, einer der Begründer der Säuglingspsychiatrie, schrieb in den frühen 60er Jahren, dass Neugeborene in den ersten drei Tagen nach der Geburt die Fütterungsgewohnheiten der Mutter erfassen und sich darauf einstellen. Sie erkennen, wann das Gefüttertwerden ansteht und können durch Drehen des Kopfes und Öffnen des Mundes signalisieren, dass sie bereit sind. Das heißt, schon Babys können denken und – wenn auch vielleicht nur intuitiv – verstehen, dass sie mit ihrem Tun eine bestimmte Wirkung erzielen können.

Selbst wenn sich der Säugling noch nicht verbal ausdrücken kann, folgt auf den Gedanken eine Handlung, und diese Abfolge wird sich sein ganzes Leben lang fortsetzen. Mit dem Heranwachsen des Kindes erweitert sich sein Denken durch neu Gelerntes. Aber seine natürlichen und angelernten Fähigkeiten werden mit großer Wahrscheinlichkeit unterentwickelt bleiben, weil nur wenige Menschen klar strukturiert denken können. Im Idealfall wäre uns als Kind das Denken beigebracht worden, denn die Denkweise, die in der Kindheit unser Handeln bestimmt, beeinflusst auch alles, was wir in unserem späteren Leben tun. Aber wir haben immer noch die Chance, dies bei der ersten sich bietenden Gelegenheit nachzuholen.

Bevor aber ein Kind über das Lernen reflektieren kann, wird es bereits unterrichtet. Im Kapitel über die Mittelmäßigkeit haben wir darüber gesprochen, wie Kinder durch Nachahmung lernen und sich dadurch an die Gesellschaft anpassen.

Kindern wird zwar alles beigebracht, was sie brauchen, um sich in die Welt einzufügen. Aber sie lernen nur selten, kritisch zu beurteilen, warum die eine Handlung ausgeführt werden muss, die andere dagegen nicht. Unsere Eltern oder andere Autoritätspersonen bringen uns bei, dass etwas in Ordnung, korrekt oder sicher ist, weil sie es so sagen. Abgesehen von den Strafen bei Ungehorsam hören wir in der Regel nichts über weiterreichende Konsequenzen. Selten ist die Rede von Motivation, von der Qualität, mit der wir unsere Entscheidungen umsetzen oder dem Lohn, den wir erhalten, wenn wir unser Tun und Sein auf eine höhere Stufe heben. Und niemand klärt uns darüber auf, dass unser Charakter bestimmt, auf welcher Stufe wir unser Leben verbringen.

Um Kritikfähigkeit und klare Strukturen in unser Denken zu bringen, müssen wir den Lernprozess verstehen, den wir seit frühester Kindheit durchlaufen haben. Erst dann können wir erkennen, wo wir zu wachsen aufgehört und stattdessen angefangen haben, bereits Dagewesenes in verschiedenen Variationen zu wiederholen. Der Einfluss von Autoritätspersonen tritt dabei deutlich zutage und wir können nun Denkmuster, die wir nicht mehr anwenden wollen, ablegen. Jeder von uns wird sie durch seine eigenen ersetzen. Eltern geben ihren Kindern das Bestmögliche mit auf den Weg. Wenn sie uns das nötige Handwerkszeug für ein erfolgreiches Leben nicht mitgegeben haben, bedeutet das aber noch lange nicht, dass wir für alle Zeit zu einem Dasein ohne diese Mittel verdammt sind. Und wir können uns auch nicht anmaßen, anderen die Schuld dafür zu geben. Denn wir können all diese Muster hier und jetzt ändern.

Die falsche Richtung einschlagen

Der durchschnittliche Erwachsene lebt mit dem Glaubenssystem, das er sich als zweijähriges Kind angeeignet hat. Als Kind werden einem die meisten Entscheidungen abgenommen: in welchem Land man lebt, in welchem Haus und in welcher Gegend, welche Sprache man spricht, welcher Religion man angehört, in welche Schule, zu welchem Arzt man geht und die unzähligen anderen Entscheidungen, die von Eltern oder anderen Autoritätspersonen getroffen werden. Ein paar Entscheidungen darf man (unter elterlicher Führung) selbst treffen, etwa wenn es um Kleidung, Spiele, Lieblingsspeisen, Freunde und ähnliches geht. Doch eine ganz große Entscheidung trifft jedes Kind für sich. Es ist die transzendentalste Entscheidung seines ganzen Lebens. Und das Kind trifft sie im Alter von ungefähr zwei Jahren.

Es akzeptiert seine Einschätzung des eigenen Wertes als gegebene Tatsache.

Kein Kind, und sei es noch so frühreif, verfügt über den nötigen Hintergrund, um in dieser oder einer späteren Phase der Kindheit eine so weitreichende Bewertung der eigenen Person abgeben zu können. Doch von diesem frühen Moment an beeinflusst diese Selbstbewertung jede seiner Handlungen. Eine Reihe von Kindergärtnerinnen haben mir berichtet, ihre kleinen Schützlinge würden sich sehr schnell als Anführer, Tyrannen, Einzelgänger, Phlegmatiker oder Opfer zu erkennen geben. Nach nur wenigen Tagen wissen bereits alle, wer das Wort führt, wer sich um die anderen kümmert, wen man herumschieben kann, wer leicht zu weinen anfängt, wer stark ist und um sein Recht kämpft und wer der Tyrann ist, der alles für sich in Anspruch nimmt.

Ausgehend von einem sehr unreifen Bild seiner selbst schafft der Heranwachsende und später der Erwachsene das Fundament für alles, woran er glaubt. Und auf diese unreife

Selbsteinschätzung verlässt er sich in seinem Streben nach Glück. Sie wird ihm in seiner Vorstellung davon, was er zu tun im Stande ist und wie weit er es bringen kann, enge Grenzen setzen oder ihn ermutigen.

Kinder legen ihren Selbstwert fest, indem sie die Reaktionen von Autoritätspersonen ihnen gegenüber interpretieren. Fühlen sich Kinder bewundert, respektiert oder geschätzt, haben sie eine hohe Meinung von sich selbst und bemühen sich im Lauf ihres Aufwachsens, dieses Bild von sich selbst beizubehalten und noch zu übertreffen. Fehlen hingegen Respekt und Würde, entwickelt sich das Kind zu einem unsicheren Erwachsenen. Das Selbstwertgefühl eines Kindes, dem nicht liebevoll Grenzen gesetzt werden, das sich zurückgewiesen und nicht beachtet fühlt, wird sich in Handlungen manifestieren, die sein Leben auf eine noch tiefere Stufe setzen.

Doch auch ein Kind, das soviel Lob erfährt, dass nur Einbildung und Eitelkeit das Bild der eigenen Person ausmachen, bekommt Probleme. Es mag selbstbewusst wirken, ist aber in Wirklichkeit sehr unsicher, weil alles, was es in Angriff nimmt, auf Anhieb perfekt sein muss. Aus Angst vor einem Missgriff wird es keine Risiken eingehen. Kritik beschädigt sein Image, eine Korrektur kann es nicht akzeptieren. Es ist diesem Kind extrem wichtig, der öffentlichen Meinung zu entsprechen. Also lernt es sehr schnell, etwas zu überspielen und andere zu täuschen. Als Erwachsener wird es zum charmanten Manipulierer.

Auch ein Kind, dessen Seele dauernd gequält wird, kann sich nicht zu einem gesunden Erwachsenen entwickeln. Stellen Sie sich vor, der Großteil Ihres Lebens bestünde darin, sich vom letzten Schlag zu erholen. Sie haben gerade noch die Kraft sich aufzurappeln, schon trifft Sie der nächste Hieb. Sie besitzen nie die Stärke, sich gegen den nächsten Übergriff zur Wehr zu setzen und sind ein permanentes Opfer.

Wenn wir ein Glaubensgerüst aus der Kindheit übernehmen, ohne es zu hinterfragen, begeben wir uns automatisch in die Rolle des Opfers. Wir entziehen uns jeder Herausforderung, die unsere momentane Kraft übersteigt. Und statt Initiative heißt unsere Lebensmaxime Hinauszögern. Doch wenn wir lernen, klar zu denken, befreien wir uns von den Fesseln falscher Glaubenssysteme.

Bestimmung oder Verhängnis

Die verschiedenen Denkebenen, die das in uns schlummernde Potenzial verkümmern oder gedeihen lassen, werden wir besser verstehen, wenn wir das Schaubild (siehe S. 221) genauer betrachten.

Die Y-Form steht als Symbol für das Leben, wobei der Stamm die Kindheit darstellt und die beiden Arme die zwei möglichen Richtungen, die man als Erwachsener einschlagen kann.

Die *Bestimmung* markiert den Weg zum Erfolg, der sich denjenigen öffnet, die moralisches wie mentales Vehikel gleichermaßen vervollkommnen. Je mehr Sie sich dafür einsetzen, umso mehr werden Sie auch darauf vertrauen, eines Tages Ihr Potenzial voll und ganz ausschöpfen zu können.

Das *Verhängnis* markiert die Straße des Scheiterns. Sie wird am häufigsten beschritten. Man muss keine großen Anstrengungen unternehmen, um auf sein Verhängnis zu treffen.

Die gepunktete Linie im Zentrum des Y steht für den mittleren Bereich, für Stagnation, für den Ort, an dem keine Entscheidungen fallen und der für das Mittelmaß typische Verfall eintritt.

Die beiden Figuren symbolisieren die persönliche Grundhaltung, die sich hinter den jeweiligen Resultaten verbirgt, auf welche die beiden gegensätzlichen Y-Arme verweisen. Die Pfeile, die sich auf die für Virtuosität stehende Figur richten, stehen für deren Prinzip, für alles ihr Widerfahrende die Verantwortung zu übernehmen. Sobald sie sich über die eigene Rolle in einer Situation im Klaren ist, wird sie die richtige Antwort finden und eine Verbesserung oder Lösung anstreben. Die Pfeile, die von der für Dunkelheit stehende Figur weggehen, symbolisieren das genaue Gegenteil – nämlich nach anderen Personen oder Umständen Ausschau zu halten, um diesen die Schuld für alles ihr Widerfahrende zuzuweisen.

Bei beiden Figuren müssen bestimmte Gedankengänge im-

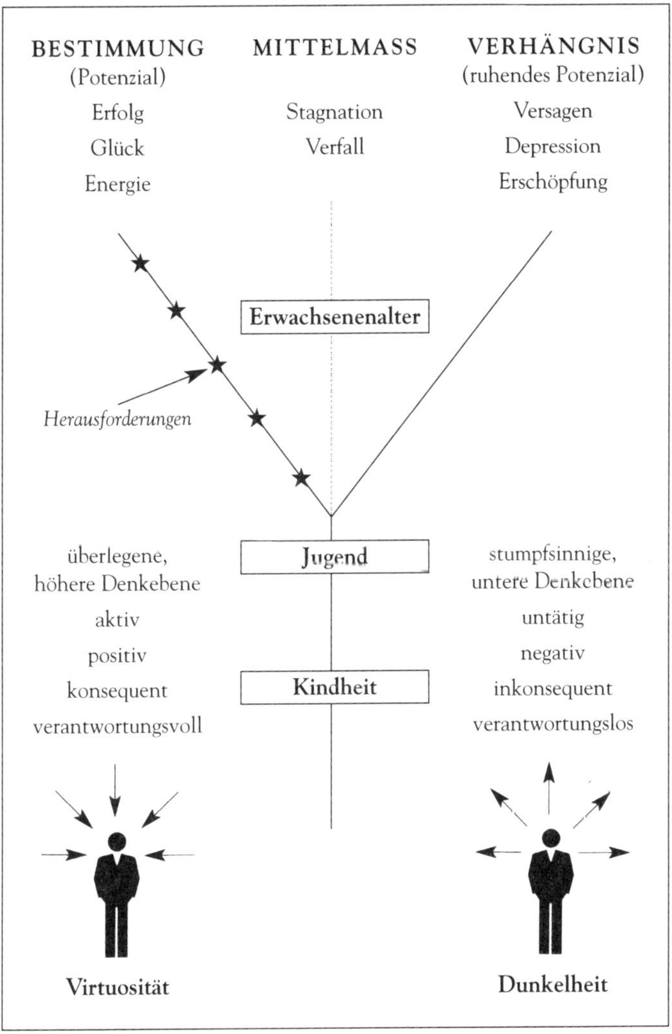
BESTIMMUNG
(Potenzial)
Erfolg
Glück
Energie
MITTELMASS
Stagnation
Verfall
VERHÄNGNIS
(ruhendes Potenzial)
Versagen
Depression
Erschöpfung
Erwachsenenalter
Herausforderungen
Jugend
Kindheit
überlegene, höhere Denkebene
aktiv
positiv
konsequent
verantwortungsvoll
stumpfsinnige, untere Denkebene
untätig
negativ
inkonsequent
verantwortungslos
Virtuosität
Dunkelheit

mer wieder ablaufen, müssen Beispiele nachgeahmt, als zuverlässig übernommen und so lange wiederholt werden, bis sie automatisch ablaufen. Das ist die Voraussetzung für jedes Training und für jede Kategorie kleiner Entscheidungen, die wir als Erwachsene treffen.

Aber die Figur in der Dunkelheit kommt niemals über das Nachahmen hinaus. Bei ihr gibt es keine kritische Selbstbetrachtung. Keine singulären Werte, die als objektive, unumstößliche Ideale ausgewählt werden. Kein Bestreben, über bekannte Handlungsweisen hinaus Risiken einzugehen. Kein Engagement, sein wirkliches Potenzial auszuloten.

Früher oder später kommt der Moment, in dem diese Person glaubt, den eigenen Weg selbst bestimmen zu können, meist in Zusammenhang mit dem beruflichen Werdegang. So sagt zum Beispiel jemand, ich werde Ingenieur oder Buchhalter und folgt dem Weg, den er für seine Bestimmung hält, um diese Entscheidung in die Tat umzusetzen. Doch es ist ein immenser Unterschied, ob jemand seinen Beruf durchschnittlich ausübt oder ob er es darin zu echter Virtuosität bringt.

Wir haben zwei Wege, die sich trennen und zu unterschiedlichen, genau entgegengesetzten Zielen führen – Bestimmung oder Verhängnis. Der Weg zur Bestimmung zeigt uns, dass die Meinung, die wir mit zwei Jahren von uns hatten, völlig unzutreffend war und wir durchaus wertvolle Menschen sind. Der andere Weg bestätigt das alte Glaubenssystem, führt zu noch stärkerer Orientierungslosigkeit und gibt uns das Gefühl, nichts wert zu sein. Einen dieser beiden Wege müssen wir beschreiten.

Der Weg zur Bestimmung bedeutet, sich ständig Herausforderungen zu stellen und sie zu überwinden, nichts ungelöst zu lassen. Es ist der Weg des freien Geistes. Der mutige Weg.

Der feige Weg heißt Verhängnis. Er mag ruhiger und einfacher scheinen, aber nur, weil Herausforderungen umgangen werden. Probleme erscheinen nicht ungelöst, weil sie auf die lange Bank geschoben werden. Sich auf dem richtigen Weg zu glauben und dann zu realisieren, dass der Weg Jahr für Jahr weiter von den Idealen wegführt, bedeutet ein schlimmes Erwachen. Das Verhängnis, auf das wir durch unsere Tatenlosigkeit zusteuern, springt viel härter mit uns um als jedes nur denkbare Hindernis, dem wir auf dem Weg zur Bestimmung begegnen können.

Wenn wir uns dazu entscheiden, auf dem Weg zu bleiben, der in der Kindheit funktioniert hat, weigern wir uns, reifer zu werden und Lebensweisheit zu erlangen. In der Kindheit wachen die Eltern über das unreife Kind, um zu verhindern, dass es selbst Schaden nimmt oder anderen Schaden zufügt. Unreife bei Erwachsenen aber ist unvernünftig und gefährlich.

Am Scheideweg

Dem zweijährigen Kind können wir es nachsehen, wenn es sich für die falsche Richtung entschieden hat. Doch als Erwachsene haben wir keine Ausrede. Wir können unter der von uns selbst geschaffenen Tyrannei weiterleben oder den Schritt in die Freiheit machen.

KAPITEL 10

Der Mut, virtuos zu sein

Brechen Sie aus • Große Leidenschaft kommt von ganz profaner Ausdauer • Malen Sie sich Ihr virtuoses Leben aus • Durchbruch oder Zusammenbruch • Was ist, wenn Sie keine Zukunftsvisionen haben? • Gebet um einen Lebenszweck • Wofür ich dankbar bin

In einem Wald gab es einmal einen Bienenstock, der in seiner Organisation und Produktivität als vorbildlich galt und großes Ansehen genoss. Jede Biene wurde mit einer für sie bestimmten Aufgabe geboren, und die Bienen dieses Volkes waren in ihrer Arbeitsteilung extrem effizient. Alles wurde genau nach dieser Vorgabe ausgeführt, Tag für Tag genau gleich.

Eine der Bienen war Beatrice. Es war ihre Aufgabe, sich um einen Wabenabschnitt am Boden des Bienenstocks zu kümmern. Bea arbeitete mit dem, was ihrem Verständnis nach Perfektion bedeutete. Da sie den Bienenstock noch nie verlassen hatte, fehlte ihr jeder Vergleich. Aber sie wusste, dass sie erledigte, was ihr aufgetragen wurde und jeder es für gut befand. Also konnte sie auf das Ergebnis ihrer Arbeit stolz sein.

Eines Tages löste sich unter dem Gewicht des Honigs eine Wabe aus dem oberen Teil des Stocks und krachte auf Beas Abschnitt hinunter. Sie geriet in Panik. Noch nie war dort ein so großer Schaden entstanden. Wenn sie nicht alles wieder in Ordnung gebracht hatte, bis die anderen Bienen zurückkehrten, würde sie in riesige Schwierigkeiten kommen. Wenn sie aber hart und extrem schnell arbeitete, konnte sie später erzählen, was passiert war und alle anderen Bienen würden sie loben, weil sie ihre Arbeit so gut erledigt hatte. Bea legte sich einen Plan zurecht und flog zum Loch. Als sie näher kam, erkannte sie einen hell durchscheinenden Punkt. So etwas hatte sie noch nie zuvor gesehen. Der Lichtstrahl wurde größer und plötzlich wurde ihre klar, dass sie zum allerersten Mal in ihrem Leben aus dem Bienenstock hinaussehen konnte!

Sollte sie es wagen?

Die Neugier war stärker, und so riskierte sie einen Blick. Der unerwartete Zug frischer Bergluft machte sie so benommen, dass ihr erst einmal der Atem stockte, und sie war von dem, was sie sah, einen Moment lang wie gelähmt. Die Landschaft war unvorstellbar. Da war so viel Farbe – blauer Himmel, Myriaden von Grüntönen, Blumen in allen Formen und Größen, Schmetterlinge und Vögel – und als ob das nicht schon genug wäre, war auch noch Musik zu hören. Lerchen und Drosseln fielen in die Melodie eines Baches und des durch die Bäume streifenden Windes ein.

Bea zwang sich, den wunderbaren Zauber zu unterbrechen.

Sorgfältig machte sie sich an die Reparatur des Schadens und dachte die ganze Zeit über, dass sie fertig sein müsse, bevor die anderen wiederkamen. Ich muss, ich muss! Was würden sie sagen, wenn ich es nicht schaffe?

Natürlich schaffte sie es, bevor die anderen Bienen zurückkehrten. Wie sie es sich ausgemalt hatte, erzählte sie ihre Geschichte. Alle waren sich einig, dass sie alles wie immer gemacht hatte, mit großer Genauigkeit, wie man es von ihr erwartete und wie es ihr aufgetragen worden war.

Tage vergingen und im Bienenstock ging alles weiter wie bisher. Alles, bis auf das, was sich in Beas Seele und Gedanken abspielte. Immer wieder musste sie an den Zauber des Gesehenen denken. Manchmal fragte sie sich, ob nicht alles nur ein Produkt ihrer Fantasie war. Und manchmal wünschte sie sich, sie hätte ihre Reparaturarbeiten ein bisschen weniger sorgfältig ausgeführt, dass ein winziger Spalt geblieben wäre, durch denn sie noch einmal hinausblinzeln könnte.

Nach einer Weile war Bea von ihrer Arbeit gelangweilt und empfand es als unbefriedigend, immer alles gleich machen zu müssen. Sie begann sich auszumalen, wie sie zu dem wunderbaren Ort außerhalb des Bienenstocks flog, wo es so viel zu sehen gab. Schließlich konnte sie sich nicht mehr länger zurückhalten. Sie musste aus dem Stock hinaus!

Und so geschah es auch.

Dabei wurde sie beobachtet. Sofort wurde die Nachricht weitergeleitet, dass sie sich einfach so davongemacht hatte.

»Das ist Rebellion! Wie kann sie es nur wagen?«, fragten die anderen Bienen. »Was glaubt sie denn, wer sie ist? Etwas Besseres als wir vielleicht? Ha! Was für ein Unsinn. Wo will sie denn hin und was glaubt sie, dort tun zu können? Sie wird es schwer haben, wenn sie wieder zurückkommt!«

Man hörte tagelang nichts von ihr. Aus den Tagen wurden Wochen, aus den Wochen Monate. Die allgemeine Wut wurde zu geheuchelter Sorge: »Die arme Bea, mit ihren verrückten Plänen muss etwas schief gegangen sein. Wenn sie noch nicht tot ist, ist sie nun ganz gewiss am Verhungern. Sollte sie gebrochen und gedemütigt zurückkommen, werden wir ihr großmütig verzeihen.«

Es verging noch mehr Zeit, und wenn man auf Bea zu sprechen kam, was mehr oder weniger häufig vorkam, wurde sie im Ton feierlichen Bedauerns als abschreckendes Beispiel angeführt. Nach einer Weile hatte man sie schließlich ganz vergessen. Nicht ein einziges Mal wünschte ihr eine der vielen tausend Bienen in diesem mustergültigen Bienenstock in Gedanken viel Glück für ihr Unterfangen und dass sie es schaffe. Keiner dieser Bienen wäre es in den Sinn gekommen, Bea könnte vielleicht Recht haben, denn das hätte alles in Frage gestellt. Jede wusste, dass keine besser war als eine andere. Sie waren alle gleich.

Bea indessen war angesichts der vielen Möglichkeiten da draußen so aufgeregt, dass sie nicht wusste, was sie zuerst tun sollte. Sie wollte alles sehen, hören und riechen. Die neu erlebte Freiheit verleitete sie dazu, überall herumzufliegen. Dann aber erkannte sie, dass sie einen Moment lang innehalten und überlegen musste, was sie mit ihrem Leben nun anfangen wollte. Und sie beschloss, alles daran zu setzen, einen ganz besonders erlesenen Bienenstock zu bauen. Dazu suchte sie sich den schönsten Platz aus, den sie finden konnte, und machte sich ganz allein an die Arbeit.

Bald fühlten sich andere Bienen von ihrer Energie und Freude angezogen und schlossen sich ihr an. Das gab Bea neues Vertrauen und ganz allmählich nahm sie das Verhalten und das Aussehen einer Königin an. Als die Arbeit vollendet war und Bea und ihre Freundinnen das Werk in Augenschein nahmen, waren sie überwältigt, wieviel Mühe und Liebe sie in den Bienenstock gesteckt hatten. Und wie es sich für den vollkommensten Bienenstock, den sie je gesehen hatten, gehörte, ordnete Königin Beatrice an, dass nur Nektar von frischen, gesunden Blumen gesammelt werden dürfe und alle nach Kräften daran arbeiten müssten, das Werk jeden Tag immer noch ein wenig zu verbessern. Der Honig, der daraus entstand, war der beste, den man nur finden konnte. Das Ansehen des Bienenstocks nahm beständig zu, bis schließlich jedes Lebewesen im Wald von der liebevollen Königin wusste, dem wunderschönen Bienenstock und dem auserlesenen Honig.

So drang der Ruhm von Königin Beatrice auch bis zu ihrem alten Bienenstock, in dem die Bienen voller Stolz sagten: »Sie war einmal unsere Schwester. Alles, was sie weiß, hat sie von uns gelernt.« Keine erinnerte sich mehr daran, einmal auf Bea eifersüchtig gewesen zu sein oder ihr Ansehen ruiniert zu haben. Aber an ihrem Glauben, dass alle gleich seien, hielten sie weiterhin fest. Auf diese Weise konnten sie sicher sein, sie hätten unter glücklichen Umständen, wie es bei Bea der Fall gewesen war, genau das Gleiche schaffen können.

Brechen Sie aus

Uns allen geht es wie Bienen, die in einem Bienenstock gefangen sind, bis wir es wagen, anders zu sein. Wir wagen es, indem wir uns ganz einfach von unserem eigenen freien Willen tragen lassen und uns über das Mittelmaß erheben. Es mag beunruhigend sein zu wissen, dass uns vermutlich niemand dabei helfen wird und dass es nicht viele gibt, die uns dabei Erfolg wünschen.

Aber auf die meisten von uns trifft zu, dass wir selbst unser schlimmster Feind sind. Es herrscht das allgemeine Missverständnis, der Mut, in die Freiheit auszubrechen, habe etwas damit zu tun, keine Angst zu haben, oder dass Mut ein ganz bestimmtes Gefühl sei. Doch Mut bedeutet Handeln, sich in kleinen zielgerichteten Schritten vom Mittelmaß wegzubewegen und dabei auf Angstgefühle keine Rücksicht zu nehmen. Viel zu oft wollen wir uns nicht auf das konzentrieren, was wirklich notwendig ist, sondern suchen lieber nach alternativen oder radikaleren Schritten. Aber die gibt es nicht. Und unsere Verwirrung darüber macht uns für übertriebene Selbstkritik und Zweifel anfällig.

Große Leidenschaft kommt von ganz profaner Ausdauer

Wir werden auf jeder Entwicklungsstufe gewisse Irritationen erfahren, Verunsicherung und pessimistische Anflüge, die uns vermutlich schon allzu vertraut sind. Doch nun verfügen wir über das Rüstzeug, um zu verstehen, auf welcher Denkebene Pessimismus entsteht, und wir können die einzelnen Komponenten genau benennen: Gefühle, Empfindungen, Grübeln, überkommene Denkweisen. Das sind keine Ideale. Und sie führen zu keinem entschlossenen Handeln. Sie sind auch nicht unsere Bestimmung. Wir nennen sie vielleicht Mangel an Vertrauen oder Mut oder, wie in der Geschichte von Beatrice, nur ein Gebilde unserer Fantasie. Aber solche negativen Anflüge haben nichts mit virtuoser Lebensweise zu tun. Sie entstehen, wenn wir im Mittelmaß gefangen sind. Und wenn sie erkennen, wie stark wir sind, zerstreuen sie sich in alle Winde.

Mit jeder intelligenten Handlung, die auf eine aus Überzeugung getroffene Entscheidung folgt, gewinnen wir neue Kraft. Jede Handlung, so klein sie auch sein mag, weckt und mehrt die Energie, die in unserer bisher nicht gekannten Virtuosität schlummert. Und wenn sich eines zum anderen fügt, werden die ersten Ergebnisse sichtbar. Wir empfinden Achtung vor uns selbst, weil wir etwas vollbracht haben. Indem wir ständig daran arbeiten, unseren Einsatz zu optimieren, kommt Schritt für Schritt mehr Schwung in unsere Entwicklung. Zahlreichere Erfolge lassen die Begeisterung in uns wachsen und verdrängen negative Gefühle, sodass unser Handeln, so schwer es uns zu Beginn auch gefallen sein mag, in Fluss gerät. Wir gewinnen größeres Vertrauen in unsere Denkweise. Wir lieben, was wir daraus erschaffen. Virtuosität wird zu einer Leidenschaft. Und dank dieser Leidenschaft wollen wir nie wieder von der so entschlossen eingeschlagenen Richtung abweichen.

Führen Ihre Schritte Sie zu der von Ihnen ersehnten Begeisterung?

Malen Sie sich Ihr virtuoses Leben aus

Denken Sie einen Augenblick lang nach und fragen Sie sich selbst: Wie stelle ich mir mein Leben in fünf oder zehn Jahren vor? Nachstehend finden Sie einige Bereiche, über die Sie nachdenken sollten. Schreiben Sie Punkt für Punkt in wenigen Worten nieder, was Sie sich dafür wünschen. Sie sollten bei dieser Übung Ihre neuen Ideale wirken lassen. Seien Sie ehrlich mit Ihren Vorstellungen und denken Sie daran, dass Sie sie später immer noch ändern können. Beweisen Sie Mut und malen Sie sich das Bestmögliche für sich aus. Im Gegensatz zu der Übung aus Kapital 2, die das düstere Verhängnis, dem wir vielleicht entgegentaumeln, offen legte, zeigt diese Übung die positive Fügung, die wir durch ständigen Einsatz unseres moralischen und mentalen Vehikels ermöglichen.

- Ihre häusliche Umgebung
- Ihre Freunde
- Ihr gesellschaftlicher Umgang
- Ihr Beruf
- Ihre Gesundheit
- Ihr spirituelles Leben
- Ihre Familie
- Ihre Hobbys und Talente
- Ihre sportlichen Aktivitäten
- Ihre Persönlichkeit
- Ihr Intellekt
- Ihre Finanzen
- Ihre kulturellen Interessen
- Ihre Harmonie
- Ihr Charakter
- Ihre Würde
- Ihr Beitrag für die Gesellschaft
- Ihr gemeinnütziges Engagement

Denken Sie nun über Ihre momentanen Aktivitäten in jedem dieser Bereiche nach. Kommen Sie mit der Art und Weise, in der Sie ihr moralisches und mentales Vehikel momentan steuern, dorthin, wohin Sie gerne möchten?

Denken Sie darüber nach.

Durchbruch oder Zusammenbruch

Nach dieser Übung erkennen viele meiner Schüler mit einem Mal, dass das Leben, das sie gerade führen, sie nicht zum angestrebten Ziel führen wird. Das ist für manche ein Schock.

Das Nachdenken über das, was wir wollen, hilft uns zu erkennen, ob wir wirklich daran arbeiten. Vielleicht greift jemand den Bereich Familie heraus, legt einen Tag in der Zukunft fest, irgendeinen Tag, und listet Glück und Harmonie als die beiden ersehnten Elemente auf. Die Frage lautet dann, ob die Handlungen von heute das Ergebnis klugen Denkens und Bausteine für das Wohlergehen von morgen sind. Denken Sie immer daran: unser heutiger Stand ist ein Indikator dafür, wie es in der Zukunft um uns bestellt sein wird.

Wie stellen Sie sich Ihre Ehe in fünf Jahren vor? Eine engere Beziehung zu Ihrem Partner? Was tun Sie heute dafür?

Welche Freunde wünschen Sie sich? Pflegen Sie Bekanntschaften mit Menschen von Format? Wenn ja, behandeln Sie diese mit Respekt oder fallen Sie ihnen in den Rücken?

Möchten Sie öfter Leute einladen und fantastische Feinschmeckergerichte auf den Tisch zaubern? Lernen Sie momentan kochen?

Was ist mit dem Wunsch, Klavierstunden zu nehmen?

Und mit dem Gedanken an einen anderen Job?

Was ist mit ...?

Es gibt jede Menge Leerstellen, die wir alle füllen können. Diese Übung hilft, einen Plan für die Zukunft zu erstellen, doch Papier ist geduldig. Nehmen Sie heute in Angriff, was morgen für Sie Realität sein soll.

Was ist, wenn Sie keine Zukunftsvisionen haben?

Ich sollte einmal einen Vortrag vor einer Gruppe von Zuhörern halten, die sich aus dem Berufsleben zurückgezogen hatten und deren Kinder von zu Hause ausgezogen waren. Häufig sterben Männer innerhalb von zwei Jahren nach ihrem Rückzug aus dem Arbeitsleben, und viele Mütter verfallen in Depressionen. In beiden Fällen hatten sich die Betroffenen zur Ruhe gesetzt, für diese Lebensphase aber keine Pläne geschmiedet. Die Planung hatte sich auf Ehe und Familie oder auf eine erfolgreiche berufliche Laufbahn konzentriert. Wenn diese Pläne verwirklicht sind, herrscht wenig Motivation, etwas Neues anzufangen.

Bei vielen stehen in der Lebensplanung zunächst Beruf und Karriere an oberster Stelle. Im Lauf der Zeit stellt sich dann heraus, dass die Arbeit keine Befriedigung mehr bietet, doch die Betroffenen sind nicht im Stande, ein anderes Bild der Zukunft zu entwerfen. Sie können nicht einmal zu Papier bringen, was für sie zu einem virtuosen Leben gehört. Viele meiner Schüler fangen so an. Depression, Verwirrung und Gewohnheit verstellen ihnen den Blick auf das Virtuose.

Auch mir ging es so.

Bevor ich mit dieser Arbeit begann, arbeitete ich im Designbereich, doch ich wollte etwas anderes. Ich wusste aber nicht, was genau. Ich verbrachte viele bange Stunden mit Nachdenken, was ich tun könnte oder sollte. Sämtliche Alternativen waren nicht besonders attraktiv und meine Gedanken darüber machten mich noch frustrierter und unglücklicher und steigerten meine Angst vor einer Veränderung. Es gab nur noch eine Möglichkeit.

Ich wandte mich an Gott.

Ich ging in den Garten und verbrachte zwei Stunden im Gebet. Diese zwei Stunden machten mir meine Verzweiflung bewusst, weckten aber auch Hoffnung in mir. Den Kern dieses Gebets habe ich seither an Hunderte Schüler weitergegeben, die irgendwo feststeckten und keinen Anhaltspunkt fanden, was sie mit ihrem Leben anfangen sollten. So weit ich es verfolgen konnte, haben alle von ihnen eine Antwort bekommen, selbst die Schüler, die nicht an Gott glaubten. Ich will dieses Gebet auch Ihnen vorstellen und Sie einladen, es so abzuändern, dass es Ihren ganz persönlichen Bedürfnissen gerecht wird.

Gebet um einen Lebenszweck

Gott, hier bin ich, deine Tochter, die zu ihrem Vater spricht.

Du hast gesagt, wenn ich bitte, wird mir gegeben. Nun stehe ich hier vor Dir mit der wichtigsten Bitte meines Lebens. Ich vertraue auf Dein Wort, darum erwarte ich ein Geschenk von Dir. Hilf mir, es zu erkennen und lass mich bereit sein, es anzunehmen.

Ich wünsche mir eine Chance, eine Arbeit, einen Beruf oder irgendetwas anderes, das in Deinen Augen das Beste für mich ist. Ich möchte alle meine Fähigkeiten und Stärken entwickeln und mit ihnen meinen Beitrag für diese Welt leisten. Ich möchte, dass mein Beitrag so gut wie nur irgend möglich ist. Ich möchte nicht nur existieren. Ich möchte leben und dienen. Gib mir bitte Dankbarkeit und den Mut, mein Bestes zu geben.

Hilf mir, mich allen meinen Herausforderungen zu stellen und über meine Schwächen zu siegen.

Hilf mir, jenen zu vergeben, die mir Schaden zugefügt haben, und mir selbst all das zu vergeben, was ich anderen zugefügt habe.

Führe mich zu meinem einfachen, authentischen Kern, zu

Deiner Wahrheit in mir. Nimm mich an der Hand und zeige mir den Weg zum reinsten und höchsten Wesen, das ich sein kann. Lass mich täglich mein Wachsen erkennen und Freude empfinden, wenn ich Deine Gegenwart immer stärker in mir erfahre. Zeige mir, wie ich dieses Geschenk mit anderen teilen kann.

Und wenn ich scheitern sollte, so hilf mir, wieder neu zu beginnen. Solange Du bei mir bist, werde ich immer wieder von vorne beginnen.

Danke, Herr, dass Du mir Deine Aufmerksamkeit geschenkt hast. Ich erwarte eine Antwort und werde sie akzeptieren. Für diese Antwort danke ich Dir nun.

Amen

Wofür ich dankbar bin

Vor 25 Jahren, genau drei Wochen nach dem Tag, an dem ich dieses Gebet gesprochen hatte, habe ich mit meiner wunderbaren Arbeit begonnen. Ich hätte dort im Garten niemals darum bitten können, weil ich damals nicht wusste, dass ich so eine Gabe überhaupt hatte. Ich fing klein an, mit nur zwei Schülern. Nichts Einschneidendes also, aber es führte mich zu unendlich vielen Gelegenheiten mich weiterzuentwickeln, die mich froh machten und meinem Leben einen Sinn gaben.

Es erging mir ähnlich wie an jenem Wochenende, als ich gerade den Titel Meister-Mopperin erworben hatte und mich mit meinem Vater darüber unterhielt. Ich hätte den Tanz des Lebens entdeckt, sagte er zu mir, als ich alles daran setzte, mit dem Mopp keine Streifen zu hinterlassen. Ich hatte diesen Funken von Meisterschaft in mir nicht bei einer besonders aufregenden Tätigkeit entdeckt, sondern in der bescheidensten Aufgabe meines damaligen Alltags. Meisterschaft offenbart sich immer in der Art und Weise, wie wir die kleinen Dinge tun. Dort finden wir den Mut, virtuos zu sein.

Danksagung

Irgendwann auf meinem Lehr- und Lebensweg sind meine Arbeit und meine Person eins geworden. Dieses Buch steht für einen wichtigen Teil meines Lebens, und ich möchte all jenen danken, die mich begleitet, daran mitgearbeitet und darauf geachtet haben, dass weder meine Arbeit noch ich dabei untergingen.

Als erstes gilt mein Dank immer Gott, der mit dieser wunderbaren Chance mein Gebet erhört hat, der allzeit für mich sorgt und mich leitet. *Denn lebendig ist das Wort Gottes, kraftvoll und schärfer als jedes zweischneidige Schwert … (Hebräer 4, 12).*

Namentlich danke ich allen, die hier erwähnt sind:

meiner verstorbenen Mentorin Pilar Garcia-Bailon, die mich denken und meine Ängste überwinden gelehrt hat;

Vito Sanzone, meinem Verleger, der diese Arbeit ebenso schätzt wie ich, und den nötigen Mut und Glauben aufbrachte, sie der Öffentlichkeit zugänglich zu machen;

Jeff Andrus, unserem Autor, der mit diesem Projekt ins kalte Wasser gesprungen ist, für sein Einfühlungsvermögen und Engagement;

seiner Frau Gwynneth Andrus, die es zuließ, dass wir ihr Heim in ein Büro verwandelten und die oft bis zur Morgendämmerung für unser leibliches Wohl sorgte;

meinen Kindern Oscar, Eileen und Marco Monahan, denen ich von Herzen verbunden bin und die immer zur Stelle waren.

Carmen Mor de Triulzi, meiner Seelenverwandten, die immer an mich glaubte und mir in den quälendsten Momenten zur Seite stand;

meiner lieben Freundin Alma Rubinfeld, die mir viele Jahre lang Tag für Tag Mut gemacht hat;

Yolanda Nava, die mich auf fast schon rabiate Weise unterstützt hat;

Susan Schweit, *aka* Susanita, die uns ihre Gastfreundschaft erwies und auf der Golden Gate Bridge mit Bravour einen Wolkenbruch meisterte, um mich pünktlich zu einem Vortrag zu bringen;

Barbara Barry, die ein herausragendes Beispiel dafür ist, was ich vermitteln will, und sich hingebungsvoll für diese Arbeit einsetzt;

Linda Kleinschmitt, der ich eine Gefolgschaft Hunderter Schüler verdanke;

Rhana Pytell, die mich durch den Mut, mit dem sie ihr eigenes Leben angeht, und durch Unterstützung meiner Arbeit immer wieder motivierte;

Mark Young, der uns oft die Hände hielt, uns zu anregenden Vorträgen mitnahm, in schwierigen Zeiten unsere Ängste beschwichtigte, und uns die guten Zeiten bewusst machte.

Patty Lopez, die als wandelnde Anzeigenkampagne für meine Arbeit viele Schüler zu mir brachte und für das Zustandekommen dieses Buches mitverantwortlich ist;

Lupe Diaz, deren unerschütterlicher Glaube an meine Arbeit sie dazu bewog, die ersten 125 Exemplare abzunehmen, lange bevor das Buch überhaupt gedruckt war;

Manuel Camarena, der mir seit vielen Jahren als kompetenter Berater und Freund zur Seite steht;

Donald Peake, der es auf sich nahm, diese Arbeit verbessern zu helfen und viele meiner Kurse mit seinen Anmerkungen bereicherte;

Mike Packard, der mir stets mit Rat und Tat zur Seite stand, ob es darum geht, Software zu entwickeln, mir beizubringen, wie ich nett zu meinem Computer bin, oder mich mit köstlichem Tee und Tassen zu versorgen;

Joel Roberts, der mir als Medientrainer und -berater die richtige Sprache vermittelte, um meine Arbeit klar und prägnant darzustellen;

Samuel und Geraldine Sanzone, deren liebevolle Begleitung überall aus diesem Buch spricht;

Carl und Roberta Deutsch, die ich ganz besonders erwähnen möchte, weil sie mir soviel Vertrauen in meine Fähigkeiten, Zärtlichkeit und Liebe entgegen bringen, wie ich sie sonst nur von meinem Vater erfuhr. Ihr Glaube an mich und die finanzielle Unterstützung, die sie mir mehrere Jahre lang gewährten, machten es mir möglich, diese Arbeit auch weiterzuführen, als die Umstände schwierig waren und ich wenig Selbstvertrauen besaß. Roberta brachte mir auch den Computer, auf dem ein Großteil dieser Arbeit entstand und den ich »Robertita Deutsch« genannt habe.

Außerdem halfen mir beim Schreiben dieses Buches viele Menschen, die sich dessen vielleicht nicht bewusst waren, aber in der Abgeschiedenheit des Schreibens mit ihrer Zuneigung, ihren Ermutigungen und Ideen immer bei mir waren. Danke euch allen.

Dr. Edward W. Ablon, Nancy Ablon, Wendy J. Ablon, Stephen Adams, Denise Adams, Nelly Cañar Antich, Dr. Charles und Katherine Agnew, Olga Marina Aguilar, Carlos Aguilar Bolaños, Ann Ash, Cindy Aylward.

Monica Ballard, Masusa Barroso, Carmen Martinez de Beas, Bob und Stella Blomé, Gilda Bojorquez, Rebecca Brooks.

Dr. Dening Cai, Mimi Castillo, Giselle Chaghouri, Michel und Nahil

Chaghouri, Cindy Chaouli, Lauren Chandler, Marianne Cheyne, Eliodoro Chavira Cevallos, Marina Ungo de Compte, Aviva Covitz.

Sherry Beall D'Ambrosio, Vito und Giovanni D'Ambrosio, Karina D'Arcy, Heather Daugherty, Daniel Deutsch, Ernesto Diaz, Pablo Diez, Magda Duran, Magda Pacheco de Duran, Patricia Dutriz.

Carol A. Eisenrauch, Gail Elen.

Lisa Fairchild-Jones, Jose Leon Flores, Gloria Rodriguez de Flores, Jessica Franzini, Daniel Fuentes, Roxana Fuentes.

Art und Nancy Galindo, Evelia Garcia, Charles Gohman, Keith Granate, John Gonsalves, Bobbie Grubber.

Julie Hamilton, Nikki Haught, Michele Hebert, Kathleen Helmer, Jim Helt, Myrtha Barberis Helt, Michael Henry, Christian und Colette Hope, Stephenie Hope, Paige Huff.

Gladys Duran de Iglesias, Faisal Ismael.

Jerry Jenkins, Al und Brighitta Jerumanis, Dr. Linda Johnston, Tom Justin.

Eric Kampmann, Kathryn Kern, Joe Kessler, Tere Macchia de Khoury, Jim Kozac, Steve Kroeter, Gail Kump.

Jorge Ruiz Bandini, Tere Ruiz de Ladron de Guevara, The Learning Annex, Sharon Leeds, Eileen Leizer, Lany Lippman, Karen Lentz, George und Vicky Lepisto, Susana A. Luna, Bettina Triulzi de Lopez, Frances Lopez.

Lic. Ana Maria Martinez Lavin, Nadine McGrath, Elena Mejia, Joan Miley, Graciela Minarrieta, Danielle Monahan, Ryan Monahan, Sean Monahan, Myreah Moore, Valborg Moore, Laura Morris, Steve Morris, Gloria Moss, Marielle Bustamante de Murillo, Carmen Elena Triulzi de Muyshondt.

Ammiel Najar, Moshe und Shannon Ninio.

Maggie O'Farrill, Marçeau und Yvette Olivier, Jim Oxford.

Feliciano Peña, Laura Peralta-Jones, Mayita de Perez Salazar, Phyllis Persechini, Sam und Gina Pilia, Nicole und John Pilia, Schwester Maria de la Cruz Pinto, Andy Provenzano.

Michial Ratliff, Olga Reinoso, Alicia Duran de Restrepo, Diane Rivers, Stephanie Roderick, Nat Rubinfeld.

Col. Jose Luis Sanchez-Gomez, Alberto De La Sanchez, Corinne Sanchez, Rosita Castro de Santos, Frank und Sandra Sanzone, Kelley und Alexa Sanzone, Dr. Samuel Sanzone, Dr. Charles Schneider und Dori Schneider, Sandy Sessler, Graciela Speare, Ann Seymour, Gerardo Sol-Mixco, Reverend Tim Storey, Mimi Gramatky Stradling.

Alicia Tapia, Sheri Tarvin, Suzanne Taylor, Alberto Triulzi, Deborah Padget Triulzi.

Mariancita Urquilla, Martita Urquilla.

Schwester Maria Elena Velasco, Gustavo Vicchi, Roger Vorst.

George Wade, Teresa Weaver.

Wenn Sie mehr über Marta Monahan erfahren, ein Verzeichnis ihrer Seminarprogramme, Bücher, Videos und Werbematerial anfordern oder ihren Newsletter abonnieren möchten, wenden Sie sich an:

info@vittoriomedia.com
www.vittoriomedia.com

Register

G

H

I

K

W

Z